LE ROI DE BOHÊME

ET

SES SEPT CHATEAUX

DRAME EN SIX ACTES

PAR

PAUL MEURICE

PARIS

MICHEL LÉVY FRÈRES, LIBRAIRES-ÉDITEURS

RUE VIVIENNE, 2 BIS

—

1860

LE ROI DE BOHÈME

ET

SES SEPT CHATEAUX

DRAME

Représenté pour la première fois à Paris, sur le théâtre de l'Ambigu-Comique
le 22 octobre 1859.

Paris. Imprimerie de Pillet fils aîné, rue des Grands-Augustins, 5.

LE
ROI DE BOHÈME
ET SES SEPT CHATEAUX

DRAME EN SIX ACTES

PAR

PAUL MEURICE

MICHEL LÉVY FRÈRES, LIBRAIRES-ÉDITEURS
RUE VIVIENNE, 2 BIS

1859

DIRECTION DE M. DE CHILLY.

MISE EN SCÈNE DE M. ALBERT. MUSIQUE DE M. ALEX. ARTUS

DÉCORS DE MM. CHÉRET ET CHANET.

A

AUGUSTE VACQUERIE

PERSONNAGES.

CABRITO	MM.	Mélingue.
PHILIPPE IV		Lacressonnière.
LE DUC DE BUCKINGHAM		Castellano.
DON DIONIS DE SIMAO		Armand.
DON SÉNÈQUE D'ALBENGA		Hoster.
SAMUEL		Lavergne.
GARGAJAL		Machanette.
NANNIKEK		Berret.
MALFADIL		Riché.
CHIQUIZNAQUE		Philibert.
SILVANA	Mmes	Adèle Page.
DONA CARMEN		Emilie Defodon.
L'INFANTE		Rima.
MARCOLINE		Clara.

Espagne. Route de Jaën à Aranjuez. — 1623.

LE ROI DE BOHÈME

ET

SES SEPT CHATEAUX

ACTE PREMIER

Coin de bois au sommet d'une colline, dans la Sierra-Morena. — Un tertre accidenté, où s'accrochent, parmi les rochers, les liéges et les rouvres, occupe en hauteur les deux tiers du théâtre. A gauche, un bouquet de chênes verts. Un chemin tournant coupe obliquement la scène.

SCÈNE PREMIÈRE

Une vingtaine de BOHÉMIENS et BOHÉMIENNES, parmi lesquels NAN-NIKEK et MALFADIL, assis ou couchés, s'étagent par groupes sur toute la hauteur du tertre, buvant, mangeant, dormant, jouant aux dés ou aux osselets, raccommodant leurs capes ou leurs grègues. Sous les arbres de gauche, GARGA-JAL, entouré de cinq ou six jeunes Bohémiens ; plus tard, CHIQUIZ-NAQUE.

GARGAJAL, continuant un récit.

..... Il avait sept châteaux, dont quelques-uns subsistent encore ; ce n'étaient, il est vrai, que des ruines abandonnées, mais de si magnifiques ruines, que l'imbécillité humaine pouvait seule aimer mieux des maisons neuves. Il s'appelait Brocabruno de la grande force, et il était tellement beau, que la fille du roi vint se jeter à ses pieds, parée de tous ses diamants, et le supplia de se laisser adorer par elle. Il releva gracieusement la princesse et la refusa. « J'aime une Rommany, dit-il, et je la préfère à toutes les reines du monde, quoique jalouse. » Telles sont, jeunesse, les légendes royales de vos aïeux les Bohémiens.

NANNIKEK, aux autres, à demi-voix.

Quel affreux pédant, ce Gargajal !

GARGAJAL.

La race dont vous avez l'honneur d'être les rejetons est antique, lointaine, mystérieuse, vivace, indestructible. Rien que dans ce royaume, il y a cent mille Bohémiens. Oui, de Barcelone à Cadix, ils sont cent et quelques mille, les romes, les errants, les chercheurs d'aventures, les bien plantés, les campés sur la hanche, les propriétaires par l'adresse et les gentilshommes par l'esprit ; ils sont cent mille ! Et gravez-vous dans la mémoire ce principe : l'Espagne appartient peut-être aux Espagnols, mais les Espagnols appartiennent certainement aux Bohémiens. — Allez, jeunesse.

NANNIKEK.

Les Espagnols appartiennent aux Bohémiens, mais les Bohémiens, vertueux Gargajal, à qui appartiennent-ils ?

MALFADIL.

Hé ! à la misère !

GARGAJAL.

Allons donc ! à la liberté !

NANNIKEK.

Oh ! oh ! il a paru la semaine dernière un petit édit signé : comte-duc d'Olivarès, — lequel enjoint à tous les Bohémiens d'avoir, dans le délai d'un mois, à quitter l'Espagne, sous peine d'y être pendus ; de sorte que d'ici à très-peu de jours nous aurons pour toute liberté la liberté de déguerpir.

GARGAJAL.

Ou bien de rester, si quelque danger de plus ne nous fait pas peur !

NANNIKEK.

Oui, mais quelque danger de plus me fait peur, à moi.

GARGAJAL.

Fils dégénérés ! Moi, je ne bougerai pas. Et vous-mêmes, d'ailleurs, vous ne partirez pas non plus.

NANNIKEK.

Bah! qui donc nous retiendra?

MALFADIL.

Hé! le libérateur, celui qui doit venir, notre roi inconnu!
— Il y croit, lui!

NANNIKEK.

Le connais-tu, vraiment, bon Gargajal? Sais-tu qui c'est?
Oh! si tu le sais, dis-nous-le.

TOUS, entourant Gargajal.

Dis-nous-le, Gargajal!

GARGAJAL.

Hé! vous en savez tous autant que moi!

NANNIKEK.

Qu'est-ce que nous savons? Quand ton frère, Flammius XIV,
notre dernier chef, est mort, il y a six mois, est-ce qu'il a,
selon l'usage, légué publiquement à l'un de nous les insi-
gnes de la royauté, le fouet d'ébène et le sifflet d'argent? Non,
il a chargé, dans le plus grand secret, sa fille Silvana de les
transmettre à un héritier parfaitement inconnu.

MALFADIL.

Seulement il nous a ordonné d'avance d'obéir à ce maître,
notre futur sauveur, à ce qu'il disait.

NANNIKEK.

Ah! pourtant on sait encore qu'il y a quelque part en Espagne, achevant son éducation comme un prince, dans les
universités et les voyages, ce mystérieux fils d'on ne sait qui,
trouvé par Flammus on ne sait où, qu'il a élevé avec amour
et dont il parlait avec enthousiasme... Mais, voyons, toi, Gargajal, le frère de Flammus, le confident de Silvana, tu dois
savoir autre chose.

GARGAJAL.

Enfants! rien qu'un mot : Avez-vous confiance en Silvana?

TOUS.

Oui, oui, oui!

NANNIKEK.

Silvana, notre joie, notre orgueil, notre richesse! si nous

avons confiance en elle! Il lui plairait de rester notre reine, comme l'a été jadis Maria Padilla, la favorite du roi don Pèdre, toute la Bohème n'aurait qu'une voix pour l'acclamer.

MALFADIL.

Oui, elle sait charmer les ours et les loups, la gazelle! Nous l'aimons tous, et nous tuerions celui qui lui dirait qu'il l'aime.

GARGAJAL.

A la bonne heure! Eh bien, de la part de Silvana je vous dis : Ayez patience! sous peu vous aurez de bonnes nouvelles.

TOUS.

Vive Silvana!

GARGAJAL.

Et de ma part à moi, j'ajoute...

NANNIKEK, emmenant Malfadil.

Oh! un sermon! Vieux radoteur!

GARGAJAL.

J'ajoute de ma part que si on vous chasse, vous l'avez bien un peu mérité, mes fils. Depuis que Flammus n'est plus là, vous oubliez les grandes traditions; à la place de la ruse, qui est spirituelle, vous mettez la violence, qui est bête; vous n'attaquez pas les voyageurs à main armée, non, mais vous tâchez de leur faire peur quand ils sont sans armes.

NANNIKEK.

Eh bien! quoi! c'est encore de la ruse.

(Entre Chiquiznaque en courant.)

CHIQUIZNAQUE.

Bonne aubaine, amis! bonne aubaine! (s'arrêtant,) Gargajal!

GARGAJAL.

Qu'est-ce que tu venais annoncer, Chiquiznaque?

CHIQUIZNAQUE.

Rien, Gargajal, rien du tout. Vous parliez, je crois; continuez, je vous en prie.

GARGAJAL.

Non; dis, toi, ce que tu allais dire.

MALFADIL, brusquement.

Allons, parle, au nom du diable! Montrons à Gargajal que nous n'avons pas peur même de Gargajal.

CHIQUIZNAQUE.

Alors, Malfadil, il faut donc que je vous rende compte de cette route de Linarès que vous nous aviez chargés de surveiller?

MALFADIL.

Oui.

CHIQUIZNAQUE.

Eh bien, d'abord, à dix minutes d'ici, un jeune seigneur seul, à cheval, de bonne mine mais de médiocre équipage...

MALFADIL.

Passons.

CHIQUIZNAQUE.

Derrière lui, chevauchant à cinq minutes de distance, un autre gentilhomme, suivi d'un écuyer. Mieux doués comme bagage, ceux-là ; mais aussi mieux pourvus d'armes, pistolets d'arçon, fortes épées ; l'apparence d'étrangers très-résolus.

NANNIKEK.

Hum! ce n'est pas là la bonne aubaine!

CHIQUIZNAQUE.

Attendez! Hier soir, à l'hôtellerie de Linarès, un laquais est venu retenir toute la maison pour des voyageurs partis de Jaën dans la matinée. A leur arrivée on n'a plus laissé approcher personne. Train seigneurial, coffres très-bourrés, quatre valets ou pages moresques à cheval, et deux carrosses à rideaux de soie! Dans l'un, le maître avec deux jeunes señoras; dans l'autre, un vieux qui a l'air d'un majordome et une vieille qui a l'air d'une duègne. Tout ce monde s'est remis en route ce matin de bonne heure, pour gagner avant la nuit la Carolina.

NANNIKEK.

La Carolina, un château princier! ce sera quelqu'un de la cour!

CHIQUIZNAQUE.

En montant en voiture, le maître, qui semble joyeux et

confiant, a demandé à l'hôtelier où l'on faisait halte dans cette longue plaine déserte et brûlée qui va jusqu'à la Sierra-Morena. L'hôtelier a répondu qu'il ne s'y trouvait guère que deux stations possibles : le petit bois de Guarraman...

NANNIKEK.

Ce même bois où nous sommes?

CHIQUIZNAQUE.

Oui, et, deux lieues plus loin, le Chozil du temple de Phébus. Mais il a ajouté, l'aubergiste damné : « Ce dernier endroit est assez mal famé, étant voisin de la tour de Maria Padilla, repaire de gens de Bohème. »

MALFADIL.

La résidence de Silvana, un repaire! Gare à ta vaisselle, mon hôte! — Qu'a répondu le cavalier?

CHIQUIZNAQUE.

Il a répondu en riant : « Hé! s'il y a de jolies bohémiennes, elles nous diront la bonne aventure! » Et puis ils sont partis, et la caravane sera ici dans une heure.

NANNIKEK.

Vivat! tant de coffres et un seul cavalier! car je ne compte pas les laquais.

MALFADIL.

Oh! il n'y a évidemment qu'une question à se faire : Où souhaiterons-nous le bonjour à ces nobles voyageurs?

PLUSIEURS VOIX.

Au Chozil! au Chozil!

MALFADIL.

Eh! non, Silvana y est, et elle s'opposerait à tout.

NANNIKEK.

Pourquoi pas ici?

TOUS.

Oui! ici! ici! ici!

GARGAJAL.

Cris de corbeaux après leur proie! Flammus! où es-tu, mon frère?

CHIQUIZNAQUE.

Demonio! voilà en bas, sur la route, les cavaliers armés
qui mettent pied à terre.

MALFADIL.

Ne perdons pas notre poudre aux moineaux. Éclipsez-vous
pour revenir. Allez! (Les Bohémiens se dispersent par toutes les issues.) Et toi,
Gargajal, écoute : Si Flammus était vivant, tu aurais le droit
de l'appeler; s'il t'avait légué à toi le fouet royal, tu aurais le
droit de le faire claquer; mais Flammus étant mort et toi
n'étant rien, tu n'as que le droit de te taire. (Il rejoint les autres.)

GARGAJAL, seul.

Oh! la nouvelle école! (Regardant vers le sentier de gauche.) Allons! ni
l'un ni l'autre de ces seigneurs qui viennent ne saurait être
mon homme. Je reviendrai aussi.

(Il sort.)

SCÈNE II

BUCKINGHAM, SAMUEL, entrant par le sentier du fond, plus
tard DON DIONIS.

BUCKINGHAM, à Samuel en entrant.

Oui, ce doit être là ce bouquet d'arbres de Guarraman où
ils s'arrêteront. Impossible de les aborder à Linarès. Mais ici,
en plein air... — Eh bien, Samuel, et ce jeune cavalier?

SAMUEL, regardant au loin.

Je ne l'aperçois plus, mylord.

BUCKINGHAM.

Ce n'est pas malheureux! Depuis ce matin, ce jeune homme
nous précédait dans tous les chemins que nous avions à
prendre, avec une persévérance de mauvais augure. Enfin
nous l'avons lestement dépassé, et il faut croire que sa route
et son but n'étaient décidément pas les nôtres. — Tu es sûr,
Samuel, qu'on ne verra pas nos chevaux là où ils sont atta-
chés?

1.

SAMUEL.

J'en réponds, mylord. — Ah ! mon Dieu !

BUCKINGHAM.

Qu'y a-t-il?

SAMUEL.

Le jeune homme, mylord !

BUCKINGHAM.

Mais c'est donc mon ombre !

DON DIONIS, entrant, à lui même.

Encore ce voyageur ! Ah ! la patience commence à m'échapper. — (Haut.) Seigneur, je vous salue.

BUCKINGHAM.

Cavalier, je suis tout vôtre.

DON DIONIS.

Je veux être courtois jusqu'au bout. Mon nom, monsieur, est don Dionis de Simao. Je suis un des gentilshommes du duc de Médina-Sidonia. Quand c'est le duc qui parle, il veut bien dire que je suis son meilleur ami.

BUCKINGHAM.

Oui, le duc de Médina-Sidonia peut affecter ces façons royales; il est, après Philippe IV, le plus grand seigneur des Espagnes. Il allait même, n'est-ce pas? épouser, le mois prochain, l'infante doña Maria, sœur du roi. Mais l'ambassadeur d'Angleterre a demandé la main de l'infante pour le prince de Galles; le duc de Médina-Sidonia, à cette nouvelle, s'est emporté, s'est révolté comme un prince féodal qu'il est, et le comte-duc d'Olivarès a cru devoir envoyer quelque troupe dans ses États pour s'assurer de sa personne; de sorte que vous êtes, pour l'instant, le gentilhomme et l'ami d'un rebelle, et peut-être d'un prisonnier. — Vous voyez que je suis bien informé.

DON DIONIS.

A merveille! Et quand vous aurez daigné me dire à votre tour qui vous êtes...

BUCKINGHAM.

C'est ce qu'il m'est malheureusement interdit de faire. Je

suis étranger, j'arrive de... de Flandre, si vous voulez, et je ne m'appellerai pour vous que... don Jorge, si vous le trouvez bon.

DON DIONIS.

Ah ! vous vous donnez-là, monsieur, un fâcheux avantage. Mais en même temps que le masque sur votre visage, vous ne voudrez pas, j'en suis sûr, garder l'ombre sur votre dessein. Depuis que j'ai quitté Linarès, vous vous êtes obstiné à me suivre.

BUCKINGHAM.

Pardon ! il me semble qu'à présent c'est moi qui vous précède.

DON DIONIS.

N'importe ! sachez que c'est ici que je devais m'arrêter, et que je m'arrête

BUCKINGHAM.

Et moi aussi.

DON DIONIS.

Des voyageurs, que je précède d'une heure à peine, doivent venir se reposer dans ce bois, et je vais les y attendre.

BUCKINGHAM.

Et moi aussi.

DON DIONIS.

J'ajoute que je désire les attendre seul.

BUCKINGHAM.

Ma foi ! et moi aussi.

DON DIONIS.

Ah ! c'est une raillerie !

BUCKINGHAM.

Une raillerie du hasard peut-être. Mais il est aisé de la corriger : vous n'avez qu'à me céder la place.

DON DIONIS.

Je ne le puis pas.

BUCKINGHAM.

Et moi je ne le veux pas.

DON DIONIS.

Il faudra donc alors que l'épée décide.

BUCKINGHAM.

Oh! prenez garde, mon jeune maître! Vous ignorez à qui vous avez affaire, et je sais, moi, que vous êtes à peu près proscrit; nous avons pour tout témoin un homme à moi; nos épées, tenez, ne sont même pas de longueur: vous n'avez là au côté qu'une arme de parade, et la mienne est forte et bien trempée. Bravade n'est pas bravoure, et vous devez voir que ce terrain-ci ne vous serait pas favorable.

DON DIONIS.

Eh bien, c'est une raison de céder pour vous, mais non pour moi. Je reste.

BUCKINGHAM.

Ah! monsieur, ne me tentez pas! car je soupçonne que nous pourr'ons bien avoir des intérêts semblables, et par conséquent opposés. Je vous dois cependant en toute loyauté un dernier avis : c'est que je suis de première force à l'épée, et que dans mon pays on m'évite grandement pour adversaire. Encore une fois, la partie entre nous ne serait pas égale.

DON DIONIS.

Hé! vous voyez bien qu'au lieu de me retenir, vous me provoquez! Allons! tirez-la donc, cette épée invincible!

BUCKINGHAM, la main sur son épée.

Pardieu! c'est vous qui l'aurez voulu!

SCÈNE III

LES MÊMES, CABRITO.

UNE VOIX DANS UN TROU.

C'est insupportable! on ne peut donc pas dormir un moment tranquille !

BUCKINGHAM.

D'où vient cette voix?

DON DIONIS.

Hé là! qui est-ce qui parle?

CABRITO, passant sa tête à travers les broussailles.

Moi.

BUCKINGHAM.

Et qui, vous?

CABRITO.

Pardieu! un brave dormeur que vos bavardages ont réveillé. Attendez que je saute à bas du lit.

DON DIONIS, à Buckingham.

Allons! ceci ne doit pas nous arrêter, je suppose.

BUCKINGHAM.

Non, certes! l'épée au poing!   (Ils tirent l'épée.)

CABRITO, paraissant.

Halte-là! je m'y oppose.

BUCKINGHAM.

Oui-dà! et à quel titre?

CABRITO.

A quel titre? Je suis justicier, justicier de grand chemin. J'assistais de mon alcôve à vos cérémonies, et qu'est-ce que j'ai entendu? vous vous disiez, —vous, je crois, —à peu près certain de tuer ce jeune seigneur. Or je suis ici chez moi, et je ne tolère point qu'on triche en duel sur mes terres.

DON DIONIS.

Sur vos terres!

BUCKINGHAM.

Vous avez un château? vous!

CABRITO.

J'en ai plusieurs. Tous en Espagne. Celui-ci est un de mes logis préférés : on le nomme la Belle-Étoile.

BUCKINGHAM, le toisant.

Il n'a peut être pas un maravédis en poche!

CABRITO.

Oh! je n'ai pas même de poche. C'est pourquoi, n'ayant rien, je fais ce qui me plaît et j'empêche ce qui me déplaît, sans jamais rien risquer.

BUCKINGHAM.

Excepté votre peau.

CABRITO.

C'est mon seul luxe.

DON DIONIS.

Assez tardé, don Jorge! je vous attends.

BUCKINGHAM.

A vos ordres. (A Cabrito.) Voyons, faites-nous place.

CABRITO tire une grande gueuse d'épée et la plante devant lui.

Je vous présente Escarmondarde, mon épée et mon amie.
Et je la connais! elle va, bon gré mal gré, se jeter dans la
bataille et tomber sur le plus fort, — c'est sa manie!

BUCKINGHAM.

Diable! mais le plus fort, c'est moi.

CABRITO.

Si c'est vous, tant pis pour vous!

BUCKINGHAM.

Hé! don Dionis, c'est qu'Escarmondarde allongerait furieu-
sement votre épée!

DON DIONIS.

Mais on n'interviendra pas pour moi malgré moi peut-
être!

CABRITO.

Oh! Escarmondarde est si fantasque! — Mais voyons donc,
voyons donc! si enfin, au lieu de donner à souper au diable,
on essayait un peu de s'entendre? Les chances du combat n'é-
tant pas parfaitement égales, l'un de vous n'aurait pas plus tôt
massacré l'autre qu'il en serait fâché, et l'autre aussi. — Est-
ce qu'on ne pourrait pas trouver à votre différend une issue
plus ingénieuse et moins tragique?

BUCKINGHAM.

Et laquelle?

CABRITO,

Il faut, si j'ai bien compris, qu'un seul de vous reste maître
de ce gentil coin de bois où nous sommes. Eh bien, tirez tout
simplement au sort à qui des deux s'en ira... ailleurs.

BUCKINGHAM.

C'est un moyen, en effet. Qu'en dites-vous, don Dionis?

DON DIONIS.

Et vous?

BUCKINGHAM, à lui même.

La fortune aime les hardis. (Haut.) Moi, j'accepte.

DON DIONIS, à lui même.

Il y a un dieu pour les amoureux. (Haut.) Je consens aussi.

CABRITO.

Ah! vous voyez bien! Maintenant règlons les conditions. Vous engagez l'un et l'autre votre foi de gentilhomme que celui de vous qui ne sera pas favorisé par le sort quittera la place sur l'heure et pour tout le jour.

BUCKINGHAM.

J'en donne ma parole.

DON DIONIS.

Et moi la mienne.

CABRITO.

Très-bien! — Il n'y a ici ni dés ni cartes, mais nous n'avons qu'à jouer la chose à pile ou face. Seulement, vous savez, par système je n'ai jamais aucune monnaie sur moi, en voyage.

BUCKINGHAM, tirant une bourse.

Voici qui fera l'affaire. (A part, regardant Cabrito.) Cet aventurier ne roule pas sur l'or!

(Il présente d'une main une pièce d'or à Cabrito, et, de l'autre, laisse tomber ostensiblement pour lui sa bourse pleine dans l'herbe.)

CABRITO, à part.

Ce seigneur aime à faire des avances au hasard! (Haut.) Attention! et à la grâce de Dieu! (Il jette la pièce en l'air.)

BUCKINGHAM.

Pile! — J'ai gagné, n'est-ce pas?

CABRITO.

Hélas! voyez. C'est face.

DON DIONIS,

Je respire!

BUCKINGHAM.

Comment! j'ai perdu?

CABRITO, avec une compassion affectée.

Mon Dieu! oui... Et tenez, tenez, vous aviez aussi perdu votre bourse. (Il a ramassé la bourse et la lui présente.)

BUCKINGHAM, à part.

Il n'a donc pas compris ou il n'a donc pas vu! (Haut.) Allons, vous avez l'avantage, don Dionis. Je tiens ma parole et je m'éloigne. Mais votre route comme la mienne n'a sans doute pas qu'une étape, et j'ai dans l'idée que nous ne tarderons pas à nous retrouver. Donc, sans adieu.

DON DIONIS.

Sans adieu.

CABRITO, s'inclinant devant Buckingham et avec intention.

Mylord!...

BUCKINGHAM, tressaillant, à part.

Ah! voilà un homme dangereux!

CABRITO.

Il nous reste à vous souhaiter un bon voyage.

(Buckingham s'éloigne par la droite, suivi de Samuel.)

SCÈNE IV

CABRITO, DON DIONIS, plus tard GARGAJAL.

DON DIONIS.

Que je vous remercie à présent, seigneur... justicier! Savez-vous que vous m'avez tiré là d'un pas difficile? Et si, à mon tour, je peux vous être agréable en quoi que ce soit.

CABRITO.

Oui, vous le pouvez.

DON DIONIS.

Tant mieux! ordonnez. Tout mon regret, c'est que mon crédit soit si mince et mon épée si courte.

CABRITO.

Oh ! il ne s'agit guère de ces choses.

DON DIONIS.

Parlez alors.

CABRITO.

Eh bien, je voudrais... Mais vous allez me refuser.

DON DIONIS.

Non, de pardieu ! fût-ce l'impossible ! Vous voudriez ?...

CABRITO.

Je voudrais... je voudrais savoir si la dame est brune ou blonde.

DON DIONIS.

La dame ! quelle dame ?

CABRITO.

Eh mais ! celle que vous attendez. Parmi ces voyageurs qui vont venir, je réponds bien qu'il y aura au moins une voyageuse.

DON DIONIS.

Qui est-ce qui vous le dit ?

CABRITO.

Allons donc ! est-ce qu'on risque sa vie contre un passant, pour un carré d'herbe, s'il n'y a pas un peu de femme dans l'affaire ? Il est évident que la passion vous animait, ce seigneur et vous ; lui plutôt ambitieux et joueur, mais vous rien qu'amoureux ! et il n'était pas difficile de deviner que dans son adversaire chacun de vous flairait un rival. Mais moi, je ne vous suis pas suspect, et — je suis très-curieux, — mais je suis très-discret.

DON DIONIS.

Pourtant, il ne vous importe guère...

CABRITO.

Si ! j'aime savoir !... Et puis je m'intéresse à vous, foi d'homme ! Tel que vous me voyez, j'ai de par le monde une famille, des parents ; mais je ne les connais pas ; et je les cherche. De sorte que pour les retrouver, et faute d'indications moins vagues, j'écoute volontiers en moi la sympathie, l'élan, enfin ce je ne sais quoi qui vous porte quelquefois vers des gens dont vous n'avez jamais vu la figure. Mais le tic-tac de là-dedans ne me dit pas souvent grand'chose. Eh bien, vous, dès que je vous ai entendu, là, de ma chambre à coucher, vous m'avez conquis tout de suite. Aventureux, amoureux, fier comme un Roland, un peu fou, un peu braque...

DON DIONIS, riant.

Ah ! dites donc !

CABRITO.

Vous avez avec moi des ressemblances, c'est positif. On ne vous aurait pas par hasard égaré chez vous quelque frère aîné ?

DON DIONIS.

Non pas que je sache. Je suis fils unique.

CABRITO.

On se croit quelquefois unique!...

DON DIONIS, riant.

Ah! tenez, en vérité, quelque chose m'attire aussi à vous, à votre bonne humeur et à votre franchise. Et quoique je ne sache pas même votre nom...

CABRITO.

Cabrito. Don Cabrito! oh! le sang qui coule dans ces veines-là est noble, car je sens, moi, qu'il est généreux. Quant à mon état, je vous ai déjà présenté Escarmondarde, voici mon autre amie.

DON DIONIS.

Une guitare ! vous êtes chanteur ?

CABRITO, avec modestie.

Oh! non, poëte seulement. Chevalier et poëte errant. A la fois Amadis et Homère, pas davantage. Je fais des romances, des noëls, des seguidilles ; je suis propriétaire de cinq ou six mille rimes, seigneur de sept à huit cents couplets ; je jouis de la valeur de trois ou quatre épopées de rente. J'ai aussi essayé du théâtre ; mais, je ne sais pas, j'y ai toujours été sifflé. Ah ! écoutez donc! Philippe IV, roi d'Espagne, fait bien aussi des comédies, qui seraient sifflées bien autrement, si tout le monde n'était pas dans le secret de son anonyme ! Mais moi, sans avoir l'ennui de régner, avec les deux outils que voilà, je me fabrique ma pauvre vie telle quelle, une vie buissonnière, un peu déchirée, un peu bigarrée, mais amusante tout de même. Je vous lirai mes mémoires un de ces jours. En attendant, vous avez une teinture de mon histoire, et c'est votre tour, je vous écoute. (Il s'accroupit et se met à souffler sur des tisons laissés par les Bohémiens.)

DON DIONIS.

Ah! ma vie à moi est plus simple et moins gaie... — Mais, qu'est-ce que c'est? vous allumez du feu! Vous n'allez pas vous installer ici, dites donc?

CABRITO.

Dame! j'y logeais! et j'y attends un message qui a pour moi une énorme importance. Mais, soyez tranquille, je ne vous gênerai pas, moi; au contraire. D'abord, mes festins ne sont pas compliqués.

DON DIONIS.

Ah çà! malheureux! c'est donc la cuisine que vous comptez faire?

CABRITO.

Allez! allez! les Bohémiens qui ont nourri mon enfance l'ont surtout nourrie de sobriété, et, en fait de jeûne, le bon Dieu me redoit : j'ai soupé hier d'une orange, j'ai déjeuné ce matin d'une tranche de pastèque, et je vais diner d'un cigarille. (Il allume un cigare.)

DON DIONIS, un peu rassuré.

A la bonne heure! Mais si votre messager tardait trop?...

CABRITO.

Tenez, que don Mercure nous assiste! je gagerais que le voilà. (Gargajal est entré depuis un moment, les observant avec inquiétude.)

GARGAJAL, à lui-même.

Ils sont encore deux!

CABRITO.

Holà! compagnon! vous cherchez quelqu'un?

GARGAJAL.

C'est selon.

CABRITO.

Quelqu'un qui s'appelle Cabrito.

GARGAJAL.

Est-ce votre nom, seigneur?

CABRITO.

Vous n'avez qu'à vous en assurer, mon maître. (A don Dionis, qui veut s'écarter.) Restez, restez, don Dionis; vous allez simplement assister à un petit cours — oh! très-abrégé — de philosophie.

GARGAJAL.

Donc, seigneur, pour supporter ou pour oublier les misères de cette vie, vous savez quel est le grand moyen?

CABRITO.

Aimer.

GARGAJAL.

Bien! N'y en a-t-il pas un second?

CABRITO.

Rimer.

GARGAJAL.

Très-bien! En connaîtriez-vous un dernier, par hasard?

CABRITO, envoyant une bouffée.

Fumer.

GARGAJAL.

Allons! vous êtes bien celui vers qui je suis envoyé, et voici ce qu'on vous envoie. (Il lui présente un fouet de ceinture, à manche d'ébène, avec un sifflet d'argent.)

CABRITO.

Ah! ah! merci! — Cela arrive à propos.

DON DIONIS, étonné.

Un fouet!

CABRITO.

Encore un talisman, seigneur, à votre service. — Mais ce n'est pas tout; la fée qui me l'envoie, où est-elle, ami? où la retrouverai-je? Elle vous a chargé de me le dire, n'est-ce pas, Gargajal?

GARGAJAL, étonné.

Vous me connaissez!

CABRITO.

De nom seulement; car vous représentiez Flammus en Portugal dans le temps où je demeurais près de lui. Mais répondez à ma question.

GARGAJAL.

Vous n'avez pas oublié le Chozil?

CABRITO.

L'ancien temple de Phébus-Apollo, mon maître? Ah! c'est là qu'il faut aller?... Par le sentier d'en haut, j'en ai pour une heure à peine.

GARGAJAL.

Oui, mais vous ne trouveriez personne avant trois ou quatre heures, et jusque-là... (Regardant Dionis avec défiance et baissant la voix) jusque-là, vous ferez bien de rester ici.

CABRITO.

Vous me le conseillez, Gargajal? Soit; je suivrai le conseil.

GARGAJAL.

Bien! Moi, je vous précède et je vous annonce.

CABRITO.

Au revoir donc, et merci encore.

GARGAJAL.

Que notre étoile Aldebaran vous conduise. (Il sort par la droite.)

DON DIONIS.

Ah çà! qu'est-ce que toute cette énigme? Vous êtes un homme fort mystérieux, au moins!

CABRITO.

Une énigme pour moi-même, je vous l'ai dit!

DON DIONIS.

Est-ce la fée qui vous l'expliquera?

CABRITO.

Peut-être! Elle s'appelle Silvana. Un gentil nom, pas vrai? Va-t-elle me reconnaître? C'était une enfant quand je suis parti, exilé par son père, qui n'a jamais dit pourquoi; il y a de ça — combien d'années? je n'en sais rien; je sais seulement qu'il y a des siècles! — Enfin, enfin, c'est passé. Et dans trois heures je retrouverai là-bas mon rêve, tout comme vous attendez ici votre espérance. Mais c'est vous, l'homme mystérieux ! Votre espérance, j'en suis toujours à savoir si elle est blonde ou brune.

DON DIONIS.

Blonde comme l'or, comme la moisson, comme la lumière !

CABRITO.

Et belle comme la Beauté ! n'est-ce pas ? — Allons ! parlez donc ! faut-il qu'on vous aide ? Pour noble et riche, elle l'est sûrement ! quand on voyage avec ce train : deux carrosses, un majordome, une duègne, des pages moresques...

DON DIONIS.

Vous savez cela ?

CABRITO.

D'ailleurs, l'autre jeune dame — car elles sont deux — est aussi d'un rang élevé, je suppose.

DON DIONIS.

Oh ! d'un rang supérieur encore. Mais comment se fait-il?...

CABRITO.

Quant au cavalier qui les accompagne, c'est quelque frère, amant ou mari ?

DON DIONIS.

Il est le frère de l'une, et pour doña Carmen une sorte de tuteur. Mais qui donc vous a dit?...

CABRITO.

C'est... c'est l'écho de ce bois, qui est plus bavard que vous. Et je vois cela d'ici ; deux jeunes filles délicates et timides ! deux fleurs du luxe, du calme et de l'ombre ! rien que la peur serait pour elles un danger.

DON DIONIS.

Un danger ! un danger menace doña Carmen !

CABRITO.

Heureusement nous sommes là, moi pour vous avertir, vous pour la préserver.

DON DIONIS.

Mais non ! je ne pourrai pas même lui adresser la parole,

et toute la chance que j'espère, c'est de l'apercevoir et d'être
aperçu d'elle.

CABRITO.

Elle vous aime cependant?

DON DIONIS.

Nos noces allaient se faire en même temps que celles de
l'infante et du duc de Médina-Sidonia.

CABRITO.

Alors, quels obstacles?...

DON DIONIS.

Mon dévouement au duc de Médina-Sidonia m'a entraîné
dans sa disgrâce et dans sa ruine, et doña Carmen duchesse
de Soriano est, par la mort de tous ses parents, la plus splen-
dide héritière des Espagnes.

CABRITO.

J'entends, et le cavalier, le tuteur, vous éconduirait?

DON DIONIS.

Je ne suis jamais allé à la cour, il ne ne me connaît pas.
Mais comment oser les aborder seulement? Si vous saviez!...

CABRITO.

Je sais... je sais que les voilà, et qu'avec moi vous les abor-
derez, j'en fais mon affaire!

SCÈNE V

CABRITO, DON DIONIS, se tenant à l'écart, à droite, DON SÉ-
NÈQUE, puis LE ROI, L'INFANTE et DOÑA CARMEN.

DON SÉNÈQUE.

Il entre, précédé de deux pages maures et de deux valets portant un toldo, des tapis et des
coussins.

Cette place est celle que je désigne. Ici les piquets, là les
tapis et les coussins.

CABRITO, bas à don Dionis.

Ce majordome paraît déjà fort solennel !

DON DIONIS.

Chut !

LE ROI, entrant :

Miracle ! un coin de fraîcheur et de feuillage ! C'est presque de la révolte dans ce beau royaume d'Espagne, qui a, dit-on, pour roi don Philippe, et qui a certainement pour despote le soleil.

DOÑA CARMEN.

Et ici on brave la tyrannie ! voilà qui est fait pour nous, doña Maria ! Accourons-vite !

(Elles s'asseoient avec le roi sous les arbres de gauche.)

CABRITO, à don Dionis.

Oh les jolies images ! oh ! je les adopterais aussi volon-tiers...

DON DIONIS.

Plaît-il !

ABRITO.

Voyons, pour mes nièces !

DOÑA CARMEN.

C'est la vérité que voilà un site charmant !

LE ROI.

N'est-ce pas ! il a je ne sais quoi de sauvage et de mysté-rieux qui sent bon le muguet et l'aventure. Pardieu ! j'y pla-cerai la première scène de la comédie que je fais avec Calde-ron. (Don Sénèque s'est éloigné avec les pages.)

CABRITO, à don Dionis.

Tiens ! c'est un confrère ! Eh bien, il me plaît aussi ! la journée est bonne !

DON DIONIS, épouvanté.

Oh ! taisez-vous ! Venez... il faut absolument que je vous dise...   (Il l'entraine sous les arbres de droite.)

LE ROI.

Et à côté de cette verdure fleurie, comment ne sourient

vous pas, doña Maria? pourquoi ne riez vous plus doña Carmen ?

DOÑA CARMEN.

Don Philippe le demande à ses captives ?

LE ROI.

A mes captives ! Elle ma sœur bien-aimée! et vous sa compagne, — et aussi un peu ma sœur, — mes captives !

L'INFANTE.

Don Philippe, c'est une folle ! (A Carmen.) tu es une folle ! J'ai
quitté hier notre cher couvent de Sainte-Claire de Jaën où
don Philippe m'avait permis d'aimer le duc de Médina, je
me rends au palais d'Aranjuez où la politique me force à
épouser le prince de Galles, et je suis captive en effet, mais
captive de ma naissance, captive de ma destinée, et non pas
captive de mon frère, qui n'est pas beaucoup plus libre que
moi peut-être.

LE ROI.

Peut-être !... vous dites bien vrai, doña Maria, (lui baisant la main)
et vous êtes un ange !

DOÑA CARMEN.

Allons ! je vois qu'il n'y a ici à plaindre que le roi.

DON SÉNÈQUE, rentrant avec les deux pages, qui portent des verres et des flacons.

Les rafraîchissements, Altesse...

LE ROI.

Altesse ! le roi ! Oh ! qu'est-ce encore que ces mots-là ? Si
les roseaux allaient les redire ! Pendant tout ce voyage, je ne
veux être et je ne suis que le comte de Pardo, ne l'oubliez
plus, don Sénèque.

DON SÉNÈQUE.

J'y tâcherai, mais je souffrirai. Le roi don Philippe III, mon
maître, ne m'avait pas accoutumé à ces bouleversements de
l'étiquette ! Mais les princes sont jeunes aujourd'hui et ont
leurs idées. L'ambassadeur d'Angleterre ne m'a-t-il pas aussi
averti en secret que le prince de Galles allait se rendre déguisé
en Espagne, avec le duc de Buckingham déguisé également,
dans le but de voir l'infante sans être connu d'elle ! ça vrai

héros de roman ! Grand Dieu ! à quoi donc distinguera-t-on désormais les personnes royales? Et moi-même *aposentador mayor*, tout le monde me prend pour un intendant. Je souffre.

LE ROI.

Souffrez et grondez, mon pauvre marquis ! mais il me plaît de laisser reposer l'étiquette et la majesté, et de dépenser un peu de liberté et de jeunesse. Jai quitté Aranjuez dans le plus grand secret, j'ai voyagé jusqu'à Jaën dans le plus strict incognito. Qu'il en soit de même au retour, je vous prie; que personne ne puisse même soupçonner qui je suis.

CABRITO, rentrant, à don Dionis.

Ah ! c'est le roi ! — eh bien, que voulez-vous? le roi me plaît ! Et enfin c'est toujours un confrère ! Nous les aborderons, je vous dis.

DON DIONIS.

Il me fait frémir !

CABRITO.

Laissez-donc ! je me figure que ces pauvres rois doivent être gênés et timides; il faut les mettre un peu à leur aise. J'ai tout justement besoin de celui-ci pour de grands intérêts généraux et particuliers, et de ce moment je m'attache à sa personne.

DON SÉNÈQUE, les apercevant, au roi.

Ah ! voici là deux cavaliers...

LE ROI.

Eh bien, ce bois n'est-il pas un lieu de halte pour tous les voyageurs?

DON DIONIS, à Cabrito.

On nous a vus.

CABRITO, à demi-voix.

Tant mieux ! nous ne gâtons pas le paysage. Saluons.

(Ils saluent don Philippe, qui leur rend leur salut.)

DOÑA CARMEN, bas à l'infante.

Ciel ! c'est don Dionis, madame !

L'INFANTE, bas.

L'ami de Médina, oh ! tais toi ! (Au page qui lui présente un plateau.) Non, tous ces vins n'apaisent pas la soif. De l'eau fraîche.

DON SÉNÈQUE.

Mon Dieu! comment vous dire, madame? la jarre qui contenait l'eau a eu l'insolence de se briser en route, et loin de toute habitation...

CABRITO, à part.

Bon hasard, merci! — (Haut à don Sénèque.) Pardon, seigneur...

DON DIONIS, effrayé.

Que fait-il?

CABRITO.

Je vous entends dire que vous manquez d'eau; et j'ai là, suspendu à l'ombre, un alcarazas plein d'une eau de source pure comme la rosée et fraîche comme la neige. Si j'osais...

LE ROI.

Certainement, monsieur.

DON SÉNÈQUE, voulant prendre l'alcarazas des mains de Cabrito.

Donnez.

CABRITO, à l'infante.

La señora daignera-t-elle me permettre d'être son serviteur?

(Il verse l'eau.)

L'INFANTE.

Mille grâces! (Elle boit.) Elle est excellente.

CABRITO.

La montagne savait ce qu'elle faisait en y mettant tous ses parfums.

LE ROI.

Ah! ah! vous êtes poëte, monsieur!

CABRITO.

C'est un de mes états. Vous savez la chanson qu'on chante :

« Le comte-duc perd l'Espagne du roi,
« Ma gitana, chante et console-moi. »

Eh bien, c'est moi qui l'ai faite !

LE ROI, riant.

En vérité! (A l'infante.) L'auteur de la chanson!... Je me félicite d'autant plus de la rencontre, étant comme vous ami des Muses.

CABRITO.

Votre Seigneurie me flatte.

LE ROI.

Seulement, moi, c'est par goût, non par état. (Se présentant.)
Le comte de Pardo, pour vous servir.

CABRITO, s'inclinant.

Seigneur comte... — Moi, je vous demanderai la permission
de ne pas vous dire encore mon titre. Pour l'instant, je serais
obligé de m'en attribuer un d'emprunt, et cela me gêne-
rait.

LE ROI, surpris.

Ah ! — comme il vous plaira.

DON SÉNÈQUE, bas au roi.

Si c'était le duc de Buckingham, et là-bas le prince de
Galles ?

LE ROI.

Vous voyagez seul, ou si ce cavalier est avec vous ?

CABRITO, présentant don Dionis.

Le seigneur Dionis, jeune auteur dramatique, — qui donne
à ses amis les plus belles espérances.

DON DIONIS, à lui-même.

Quelle audace !

CABRITO.

Nous faisons ensemble un petit pèlerinage à l'ancien temple
d'Apollon.

LE ROI.

Eh ! mais nous comptons aussi nous y arrêter. C'est à présent un nid de bohémiens, à ce qu'il paraît.

DON SÉNÈQUE, entre ses dents.

Un nid de vautours !

CABRITO.

Ce cavalier n'a pas l'air d'aimer l'imprévu.

LE ROI.

Laissez-le dire; moi j'en raffole. Mais, hélas ! depuis le commencement de ce voyage, je ne l'ai pas beaucoup rencontré.

CABRITO.

C'est qu'on ne l'attrape pas, seigneur, avec des carrosses à quatre chevaux. Moi je vais à pied, je ne le cherche pas, c'est lui qui me trouve! Et c'est si amusant de sortir un peu de la route et de la vie frayées, et d'aller, de s'engager, de se perdre dans le roman, dans le conte bleu, dans l'impossible! Ah! si j'avais l'honneur, pour deux ou trois jours seulement, d'être votre compagnon de route, je vous en promettrais bien, moi, des surprises et des aventures! je les attire!

LE ROI.

Savez-vous que vous me tentez, et que j'aurais bonne envie de vous suivre dans ces charmants sentiers-là...

CABRITO.

Eh bien, venez! (Malfadil débouche du taillis de droite.) Mais avec moi il faut ne jamais reculer, ne jamais s'effrayer, avoir confiance...

SCÈNE VI

LES MÊMES, MALFALDIL, NANNIKEK, CHIQUIZNA-
QUE, LES BOHÉMIENS.

DON SÉNÈQUE, bas au Roi, lui montrant Malfadil.

Don Philippe, voyez donc cette mine patibulaire!

LE ROI, bas.

Quelque mendiant... (A Cabrito.) Pour commencer, vous nous retrouverez dans l'après-midi au Chozil.

CABRITO.

Oh! si vous le permettez, nous vous y précéderons. C'est déjà la supériorité des sentiers sur les grandes routes. (Nannikek, Chiquiznaque et une douzaine d'autres bohémiens armés sortent de tous les buissons et cernent peu à peu le groupe en scène.)

DON SÉNÈQUE.

Mais, seigneur, voyez donc que de mendiants! et ils ont des armes!

2.

DON DIONIS, courant à Cabrito, avec reproche.

Cabrito !

L'INFANTE ET DOÑA CARMEN

Monsieur !

CABRITO.

Ah ! je viens à l'instant de demander qu'on ait confiance !

LE ROI.

Je serais seul, monsieur, je ne sourcillerais pas. Mais ceci est plus qu'une aventure, c'est un danger !

CABRITO.

C'est-là le plaisir ! — Mais attendez un peu. (Élevant la voix.) Hé ! passants du bon Dieu, que voulez-vous, s'il vous plaît, en si grand nombre ?

MALFADIL.

Rien, mon maître ; nous prenons l'air.

CABRITO.

Ah ! vous prenez comme cela l'air avec des armes ?

NANNIKER.

Nous chassons aux petits oiseaux.

CABRITO.

Et vous vous y mettez à quinze ; c'est une forte battue !

NANNIKER.

Auriez-vous l'intention de vous moquer de nous ? (Murmures des bohémiens.)

CABRITO.

Moi, me moquer ? par exemple ! tous les goûts et toutes les chasses sont dans la nature. Et tenez, moi, je chasse aux guêpes... (Tirant le fouet de sa ceinture.) Et voici mon arme.

TOUS, se prosternant.

Le fouet de Flammius !

NANNIKER

Ordonnez, seigneur.

CABRITO.

Allez tous. Dans une heure au Chozil. Vous y attendrez mes ordres.

MALFADIL.

Il suffit. (Tous sortent.)

CABRITO.

Qu'est-ce que je disais? j'attire la foudre, mais aussi je la détourne.

LE ROI.

Vive Dieu! voilà qui est en effet étrange! Qu'était-ce donc que ce Flammus?

CABRITO.

Un ancien chef de bohémiens.

LE ROI.

Ah! — sous quel règne vivait-il?

CABRITO.

Eh bien, mais sous le sien.

LE ROI.

C'est juste. Mais vous-même, monsieur, qui avez un tel pouvoir sur ces hommes, allez-vous maintenant me dire qui vous êtes?

CABRITO.

Votre Excellence ne s'en doute pas?

LE ROI.

Pas le moins du monde.

CABRITO.

Et elle tiendrait à le savoir?

LE ROI.

De toute ma curiosité!

CABRITO.

Eh bien, mon Dieu, je suis...

LE ROI.

Vous êtes?...

CABRITO.

Je suis le roi.

LE ROI.

Comment! vous êtes le roi! vous!

CABRITO.

Le roi de Bohème.

FIN DU PREMIER ACTE.

ACTE DEUXIÈME

La cour du Chozil. A gauche, porte au premier plan, et à côté, se profilant obliquement du deuxième au quatrième plan, les colonnes d'un temple romain ruiné, entre lesquelles on a construit une masure grossière. Une voûte aux pierres croulantes, exhaussée de trois larges dalles, s'ouvre au centre de la masure. Au fond, mur à toit de tuiles avec porte au milieu. A droite, petite maison en briques.

SCÈNE PREMIÈRE

NANNIKEK, MALFADIL, CHIQUIZNAQUE et LES CHEFS BOHÈMES; plus tard GARGAJAL.

NANNIKEK, sortant de la maison de droite et parlant à quelqu'un qui reste à l'intérieur.

..... Oui, seigneur, oui, je vous préviendrai dès que le chef arrivera. (A lui-même.) Oh! le digne étranger! je flaire dans ses poches des ducats à gagner presque honnêtement. Mais pourquoi ne veut-il avoir affaire qu'au chef?... J'aviserai. (Haut.) Comment! Gargajal n'est pas encore sorti? (Gargajal sort du Chozil.)

MALFADIL.

Le voilà!

TOUS.

Eh bien! Gargajal?

MALFADIL.

Qu'est-ce que dit Silvana?

GARGAJAL.

Silvana dit que vous l'avez échappé belle, et que vous faisiez là une jolie équipée en arrêtant ce seigneur! — Cabrito, le nouveau roi, vous a simplement, pour commencer, sauvés tous de la potence.

NANNIKEK.

Oh! là, là! Ce seigneur est donc bien puissant?

GARGAJAL.

S'il est puissant! Vous savez, ce personnage qui, depuis un mois qu'il a vu Silvana, remue terre et enfer pour la retrouver?... nous avons eu assez de mal à dérober notre chère idole à ses poursuites!

CHIQUIZNAQUE.

Il a fallu toute la Bohème contre toute l'Espagne.

NANNIKEK.

Oh! oui, il a le bras long; pas aussi long pourtant que nos jambes!

GARGAJAL.

Eh bien, ce personnage, c'est le voyageur de tantôt.

TOUS.

Ah bah! — Est-il possible!

NANNIKEK, à part.

Encore un client avec qui j'aimerais entrer en relations d'affaires!

MALFADIL.

Hé! si c'est lui, pourquoi l'a-t-on épargné? Il vient droit ici, c'est qu'il sait y trouver Silvana. Comment lui échappera-t-elle?

GARGAJAL.

Laissez faire! elle y songe.

CHIQUIZNAQUE.

Il faut prévenir Cabrito.

TOUS, en tumulte.

Oui! oui! — Eh! non. A quoi bon? — Mais si! — Mais non!

SCÈNE II

LES MÊMES, CABRITO, DON DIONIS, entrant par la porte du fond.

CABRITO.

Allons! la guerre civile, à présent!

TOUS.

Cabrito !

CABRITO.

Gare à vous ! Je suis obligé, mon peuple, de commencer par vous haranguer... effroyablement. Qu'est-ce que c'est? Autrefois les Bohémiens passaient pour être d'une adresse... extrême ; mais enfin cette adresse s'arrêtait prudemment aux limites légales, et il me semble que vous avez passé, vous, la frontière. Comment ! vous voulez donc vous enrichir, malheureux ! amasser, qui sait? économiser peut-être ! Et vous acceptez un métier défini, vous vous faites conquérants au coin des buissons ! Qu'est donc devenue chez vous la grande industrie universelle?

NANNIKEK.

Elle baisse.

CABRITO.

Eh bien, et l'art?

CHIQUIZNAQUE.

Il bat de l'aile.

NANNIKEK.

La faim chasse le loup du bois, et nous la faim nous pousse au bois, voilà !

MALFADIL.

Pardieu ! qu'est-ce que vous voulez? on nous expulse !

CABRITO.

C'est une question profonde de savoir si vous devenez bandits parce qu'on vous expulse, ou si on vous expulse parce que vous devenez bandits.

TOUS, se récriant.

Oh! Cabrito ! — Si vous saviez ! — Non, parole d'honneur !

CABRITO.

Silence ! Nous verrons à tout éclaircir, et, si c'est encore possible, à tout arranger. Pour le moment, nous avons à entretenir Gargajal d'affaires de la plus haute importance. Allez, Bohémiens de la décadence !

(Tous sortent; Nannikek, sur un signe de Gargajal, rentre dans la maison de droite.)

SCÈNE III

CABRITO, DON DIONIS, GARGAJAL.

CABRITO.

Silvana! Silvana! où est-elle?

GARGAJAL.

Elle est là... (se reprenant.) C'est-à-dire elle sera là dans une heure.

CABRITO.

Et où est-elle donc en ce moment?

GARGAJAL.

Elle est... elle est chez l'autre Silvana, la vieille, vous savez, sa bisaïeule.

CABRITO.

En vérité! la pauvre vieille vit toujours?

GARGAJAL.

Toujours.

CABRITO.

Gargajal, est-ce que par hasard Silvana ne voudrait pas me recevoir?

GARGAJAL.

Elle n'en sait encore rien... (se reprenant) c'est-à-dire je n'en sais encore rien.

CABRITO, bas, à don Dionis.

Ah! je commence à m'apercevoir que je suis roi : on me trompe.

GARGAJAL.

Mais il y a là un cavalier, venu avec son écuyer, qui voudrait vous dire deux mots.

CABRITO.

A moi?

GARGAJAL.

Il a demandé après notre chef.

DON DIONIS.

Vous verrez que ce sera ce don Jorge! Ah! par exemple...

CABRITO.

Par exemple, don Dionis, vous allez me laisser seul avec lui.

DON DIONIS.

Non, non, il faudra cette fois qu'il me dise...

CABRITO.

Hé! à vous il ne dira rien! tandis que je saurai bien le faire parler, moi. Et vous vous rappelez, j'aime savoir. — Gargajal, du moment que je ne pourrai voir Silvana avant une heure, introduisez l'étranger (Gargajal entre dans la maison de droite.); car je sens l'étranger dans cet homme, et presque l'ennemi. Mais moi, don Dionis, vous savez maintenant que je suis avec vous, j'espère!

DON DIONIS, lui serrant la main.

Vous! il y a quelques heures à peine que je vous vois agir et que je vous entends parler; mais j'ai tout de suite éprouvé en vous la cordialité, la franchise, le dévouement, la vaillance...

CABRITO.

Allez! c'est ça, flattez-moi, comme si je n'étais pas un roi de cartes! Mais, au nom de toutes mes vertus, don Dionis, allez-vous-en.

DON DIONIS.

Mais je vais avoir l'air d'éviter cet arrogant personnage!

CABRITO.

Don Dionis, votre cheval n'est pas trop fatigué; à une demi-lieue d'ici roule la voiture qui amène doña Carmen; c'est à elle, poltron, que vous avez à parler! En quelques coups d'éperon vous êtes à sa rencontre, et vous avez dix chances pour une de lui glisser deux mots sans témoins.

DON DIONIS.

Ah! tentateur! (Il sort en courant par le fond.)

CABRITO.

Le voilà déjà qui galope!

NANNIKEK, introduisant Buckingham.

Entrez, seigneur, le chef est là. (A part.) Je ne le perdrai pas de vue. (Il sort par le fond.)

CABRITO.

Eh! c'est parbleu bien mon mylord!

SCÈNE IV

CABRITO, BUCKINGHAM.

BUCKINGHAM, reconnaissant Cabrito.

Comment! c'est vous, mon cher?

CABRITO.

Moi-même, Excellence.

BUCKINGHAM.

C'est vous le chef de tous ces... braves?

CABRITO.

Mon Dieu! oui.

BUCKINGHAM, riant.

Ah! ah! ah! c'est parfait, et j'en suis ravi!

CABRITO.

Votre seigneurie a bien de la bonté.

BUCKINGHAM.

Je vois que décidément nous nous sommes mal compris tantôt. La bourse! je ne la perdais pas, la bourse!...

CABRITO.

Vous vouliez gagner la partie?

BUCKINGHAM.

Mais cela était peut-être au-dessous de vous?

CABRITO.

Oh! vous ignoriez mon rang!

BUCKINGHAM.

Enfin, maintenant nous allons nous entendre!

3

CABRITO.

J'aime à l'espérer.

BUCKINGHAM.

Dans votre situation, vous devez voir les choses en grand,
de haut? dominer les scrupules, hein? mépriser les hommes?

CABRITO.

Je méprise assez! et quant aux préjugés, c'est évident, je
n'en ai guère.

BUCKINGHAM.

Eh bien, mon cher, vous pouvez m'être très-utile, vous;
et je sais être reconnaissant.

CABRITO.

Mylord!

BUCKINGHAM.

Mylord?... Oui, vous avez entendu cet imbécile de Samuel
m'appeler par mon titre, et peut-être par mon nom. Allons, je
ne veux avoir rien de caché pour vous.

CABRITO.

Cette confiance me touche!

BUCKINGHAM

Donc, je suis Georges Villiers, duc de Buckingham, le fa-
vori de Jacques Ier, roi d'Angleterre, et l'ami de son fils, qui
doit s'appeler Charles Ier un jour. De si loin, vous ne me connaissez pas?...

CABRITO.

Si fait, de réputation! Et j'apprécie votre seigneurie
comme elle m'a jugé moi-même, sur sa réputation. Mais je
me demande ce que diable mylord peut venir faire en Espagne.

BUCKINGHAM.

Oh! l'action la plus folle et la plus sage, la plus vertueuse
et la plus scélérate de ma vie. Je viens m'y marier.

CABRITO.

Ah bah!

BUCKINGHAM.

J'ai mis en tête au prince de Galles la fantaisie de venir à
Madrid, sous un nom supposé, faire la cour à l'infante doña
Maria. Mais sous ce roman je me ménageais, moi, une affaire.
Mon écervelé de Charles s'est laissé retenir à Paris par les
doux yeux d'Henriette de France. Mais je l'ai devancé ici... Il
faut vous dire que mon crédit est absolument ruiné en Angle-
terre ; oui, les Anglais ne veulent plus rien me prêter, et les
Anglaises non plus. Ma foi ! ce que les femmes m'ont pris...

CABRITO.

Vous trouvez tout juste qu'une femme vous le rende.

BUCKINGHAM.

C'est cela même ! Or notre ambassadeur à Madrid m'a si-
gnalé chez vous un véritable phénix, une héritière fabu-
leuse.

CABRITO.

Doña Carmen, duchesse de Soriano.

BUCKINGHAM.

Vous voyez, on la nomme tout de suite... Je le crois bien,
elle a quatre millions de revenu !

CABRITO.

Et vous épousez sa dot avec impétuosité ! — Il est vrai
qu'elle était fiancée à un autre.

BUCKINGHAM.

A ce don Dionis ? je le parierais.

CABRITO.

Vous gagneriez. Il est vrai encore qu'il l'aime, dit-on, éper-
dument.

BUCKINGHAM.

Tant mieux, cela ! je n'ai pas même vu doña Carmen, moi !
me voilà assuré qu'elle est belle.

CABRITO.

Enfin quelques-uns prétendent qu'elle aime aussi don
Dionis.

BUCKINGHAM.

Bah ! elle m'aimera !

CABRITO.

Vous la rendrez si heureuse !

BUCKINGHAM.

Et puis, quoi ! elle sera duchesse de Buckingham !

CABRITO.

Est-ce qu'on résiste à cela?... Eh bien, mais pardon ! vous venez, vous êtes vu, vous triomphez... je ne devine pas à quoi je peux vous être bon, moi, — si ce n'est comme confident.

BUCKINGHAM.

Oh ! l'affaire n'est pas si simple. D'abord le prince de Galles tient à son secret, et il m'est impossible de me présenter et de me nommer officiellement. De sorte qu'étant pour doña Carmen le premier venu...

CABRITO.

Elle risque de vous éconduire sous le voile de l'anonyme.

BUCKINGHAM.

Ce n'est pas que je me soucie d'entrer par les grandes portes, vous pensez ! j'ai plutôt en amour l'habitude et le goût des escaliers dérobés. Mais le prince peut arriver d'un jour à l'autre, l'heure me presse, et si, enfin, je n'ai pas le temps d'user de séduction...

CABRITO.

Il faudra vous résigner à user d'un peu de contrainte.

BUCKINGHAM.

Mais dès que mon but est honorable, n'est-ce pas, et que je veux finir par épouser cette enfant?...

CABRITO.

Vous vous dites que vous pouvez bien commencer par la compromettre.

BUCKINGHAM.

Elle me pardonnera ensuite.

CABRITO.

Elle vous remerciera !

BUCKINGHAM.

Mais savez-vous que nous nous entendons à merveille !

CABRITO.

Votre seigneurie me fait trop d'honneur. Et, pour suivre jusqu'au bout sa pensée...

BUCKINGHAM.

Vous avez compris déjà que me trouvant ici loin de mon pays et de mes gens...

CABRITO.

Vous n'avez pas à votre disposition les moyens d'exécution qu'il faudrait.

BUCKINGHAM.

Et si j'avais à tenter quelque coup de main ou autre hasard...

CABRITO.

Vous auriez besoin d'auxiliaires résolus.

BUCKINGHAM.

Et j'ai naturellement pensé à vos garnements.

CABRITO.

Et à moi leur chef. Merci !

BUCKINGHAM.

Mais c'est plaisir que d'avoir affaire à un homme comme vous !

CABRITO.

Oh ! vous me verrez à l'œuvre.

BUCKINGHAM.

Quant au prix de vos bons offices...

CABRITO.

Ah ! ne parlons donc pas de cela d'avance ! nous compterons après.

BUCKINGHAM, riant.

Comme vous allez me coûter cher !

CABRITO.

Peut-être encore plus cher que vous ne pensez.

BUCKINGHAM.

Je n'y regarderai pas!

CABRITO.

J'y compte.

BUCKINGHAM.

Écoutez ! un bruit de voiture.

CABRITO.

C'est votre fiancée qui arrive.

BUCKINGHAM.

Oh! si je pouvais l'apercevoir ! (Il remonte vers le fond.)

CABRITO, lui barrant le chemin.

Non, non! pas ici! Don Dionis vous verrait. Il ne faut pas de scandale.

BUCKINGHAM.

Mais où donc alors?

CABRITO.

Plus loin! plus loin!

BUCKINGHAM.

Mais...

CABRITO.

Venez, j'ai déjà mon plan.

BUCKINGHAM.

Cependant...

CABRITO.

Ah ! voyons, réclamez-vous, oui ou non, mes services?

BUCKINGHAM.

Sans doute.

CABRITO, le poussant vers la porte de gauche.

Alors laissez-moi faire, et venez vite ! allons, vite, vite !

BUCKINGHAM, riant.

Quel zèle ! mais il est bien placé, je vous le jure !

Oui, oui, vous me le payerez, soyez donc tranquille ! (Ils sortent tous deux par la gauche.)

SCÈNE V

DON SÉNÈQUE, puis L'INFANTE et DOÑA CARMEN, ensuite DON DIONIS.

DON SÉNÈQUE, ouvrant la porte du fond.

Entrons, puisqu'il le faut, pendant que don Philippe interroge un de ces mécréants.

DOÑA CARMEN, gaiement.

Voilà sans doute le temple de la sibylle.

DON SÉNÈQUE.

Son antre, plutôt ! Est-ce ici un lieu pour vous arrêter ? Je souffre.

DOÑA CARMEN.

Eh ! mais un palais ne serait pas si curieux pour nous !... Voyez, doña Maria ouvre de grands yeux, et nous ne dédaignons pas ce qui fait nos yeux plus grands.

DON SÉNÈQUE.

Que je m'assure, au moins, si vous pouvez poser le pied dans cette caverne... (Il entre dans la maison de droite. Don Dionis s'avance.)

L'INFANTE et DOÑA CARMEN, l'apercevant.

Don Dionis !...

DON DIONIS.

Doña Carmen, et vous, madame... pardonnez ! j'ose vous parler à toutes deux, et j'ose vous parler pour deux, pour le duc de Médina et pour moi...

L'INFANTE.

Monsieur !...

DOÑA CARMEN.

Dionis ! prenez garde !

DON DIONIS.

Oui, je sais, nous n'avons qu'une minute, et dans une minute je ne peux pas faire tenir le cri, le désespoir, la supplication de deux destinées. Mais justement, doña Carmen, j'atteste votre mère, qui approuvait mon amour, pour implorer de vous une grâce. J'ai à vous dire des choses de la plus haute importance : pourquoi le duc s'est révolté, à quelles conditions il voudrait se soumettre, quels dangers vous courez vous-même... D'ici au château d'Aranjuez, la route est de trois jours encore ; si dans ces trois jours je trouve une occasion de vous voir seule, doña Carmen, permettez-moi de la saisir.

DOÑA CARMEN.

Je vous étais promise, don Dionis ; je sais que mon honneur vous est sacré, et je me fierais de tout cœur à vous, mais...

L'INFANTE.

Mais que dis-tu donc là ?

DON DIONIS.

Oh ! madame, pensez à la douleur du duc !

L'INFANTE.

Il y a quelque chose de plus triste que la douleur des ducs, c'est la mélancolie des infantes.

DON DIONIS.

Souvenez-vous que vous lui aviez presque donné votre vie.

L'INFANTE.

Les infantes ne peuvent donner leur vie ; mais je pourrai peut-être lui donner ma mort.

DOÑA CARMEN.

Ah ! madame, à votre tour, que dites-vous là ?

DON DIONIS.

Vous voyez, doña Carmen, s'il est urgent que je vous parle... Ah ! et voilà don Sénèque qui rentre ! (Il s'écarte.)

DON SÉNÈQUE rentrant.

En vérité, l'endroit est plus convenable que je ne le supposais, et s'il vous plaît, madame, de vous y reposer un instant...

L'INFANTE.

Allons, Carmen. (Elles entrent dans la maison, suivies par don Sénèque.)

DON DIONIS, les suivant des yeux.

Oh ! n'avoir pas même le droit de la connaître ! car je n'ose dire de la protéger !

SCÈNE VI

CABRITO, DON DIONIS.

CABRITO rentrant.

Il va pourtant bien falloir la protéger, don Dionis !

DON DIONIS.

Cabrito ! Eh bien ?

CABRITO.

Eh bien, c'est réellement à doña Carmen qu'en veut l'étranger.

DON DIONIS.

Je le pressentais !

CABRITO.

Et il s'appelle le duc de Buckingham !

DON DIONIS avec effroi.

Oh !

CABRITO.

Écoutez : je viens de désigner cinq de mes hommes, qu'il croit à sa disposition et qui sont à la vôtre. Il veut être à la Carolina en même temps que doña Carmen. Mais moi, je me suis frappé dans la main et je me suis fait à moi-même le serment qu'il n'apercevrait seulement pas le bout de son gant ! Prenez les devants, don Dionis; veillez le long de la route, veillez cette nuit aux alentours du château. Si vous trouviez moyen de voir doña Carmen et de l'avertir à tout risque...

DON DIONIS.

Il faut pourtant que je me garde de la compromettre !

CABRITO.

Ah ! oui, vous auriez peur, vous, de la compromettre ! Ah ! si pourtant l'honneur et l'amour sincère avaient aussi leurs audaces ! Mais qu'est-ce que je vais vous conseiller là !... L'essentiel est de vous hâter. Vous m'estimez un peu, vous : ne répondez pas, ne discutez pas ; croyez et agissez. Demain nous conviendrons du reste. Allez.

DON DIONIS.

Un mot, un mot encore !... (Mouvement de Cabrito.) Ah ! cela vous dérange ?.

CABRITO.

Don Dionis, soyez bon, soyez juste : depuis que nous sommes arrivés, je m'efforce pour vous, pour cette pauvre enfant menacée, de ne pas trop entendre les battements de mon cœur ; mais enfin il bat ce cœur ! l'heure est écoulée, Silvana doit être là ; il y a derrière ce mur pas mal de mon passé et peut-être un peu de mon avenir ; eh bien, je vous demande pardon, don Dionis, mais permettez-moi d'être un peu à moi ou plutôt à elle, je vous en prie.

DON DIONIS.

Oh ! généreux cœur, l'égoïste c'était moi ! Allez, allez donc, et moi, je vais agir.

CABRITO.

Merci ! (Il reconduit don Dionis, qui sort par la porte de gauche.)

SCÈNE VII

CABRITO, LE ROI, NANNIKEK.

LE ROI entrant par le fond et jetant une bourse à Nannikek.

Tiens, drôle, prends pour ton indiscrétion, et laisse-moi.

NANNIKEK.

Des ducats d'or ! l'industrie remonte ! (Il sort ; Cabrito rentre vivement et se rencontre avec le roi sur les marches du Chozil.)

LE ROI.

Hé ! salut, seigneur roi.

CABRITO.

Ah ! salut, seigneur comte.

LE ROI.

Eh bien, me voici dans vos États, et le premier aspect m'en
paraît fort invitant.

CABRITO.

Cette ruine païenne, n'est-ce pas, a une assez heureuse odeur
de magie ?

LE ROI.

Oui, on sent que depuis des siècles les pythonisses et les
sorcières y font le service du dieu ou la cuisine du diable.

CABRITO.

Et nous avons encore, à dix minutes de chemin d'ici, la
tour de Maria Padilla, bâtie par les Arabes et hantée, s'il vous
plaît par les revenants ! on assure que la feue reine, femme
de don Pèdre y promène toutes les nuits son gracieux fantôme.
— Mais si vous daignez me le permettre, j'entre là une minute.

LE ROI.

Fort bien ! allez ! je me souviens que vous nous avez promis
des aventures, et je devine que vous nous ménagez quelque
surprise.

CABRITO.

Oh ! pour cela non ! votre seigneurie se trompe.

LE ROI.

Allons ! toutes vos vieilles ruines sont fort intéressantes,
mais la Bohême doit bien avoir aussi quelque merveille moins
antique.

CABRITO.

Moins antique ?

LE ROI.

Ou, si vous l'aimez mieux, plus vivante.

CABRITO.

Plus vivante ?

LE ROI.

Quand ce ne serait que la merveille appelée Silvana !

CABRITO.

Silvana! Vous avez entendu parler de Silvana?

LE ROI.

Beaucoup! beaucoup! Eh! si j'ai amené ma sœur et doña Carmen, c'est dans l'intention de leur faire dire le badji par la jolie devineresse.

CABRITO, troublé.

Ah! vous ne m'en aviez pas prévenu!... Silvana doit être là... Mais, en vérité, depuis mon arrivée, je n'ai pu moi-même lui parler encore, et il y a si longtemps que je ne l'ai vue...

LE ROI.

Oh! il n'y a pas très-longtemps, moi.

CABRITO.

Vous l'avez donc vue?

LE ROI.

Sans doute; à Madrid, le mois dernier, le jour de Sainte-Anne, patronne de la ville, à la représentation du ballet du roi...

CABRITO.

Ah! dans le ballet du roi!

LE ROI.

... Au milieu d'autres jeunes bohémiennes, légères et gracieuses à ravir. Oh! mais quand Silvana a paru, toutes les beautés se sont éclipsées. Elle a dansé, et elle amourachait tous les yeux; elle a chanté, et alors ç'a été le tour des âmes. Pour moi, je ne sais, en même temps que ses castagnettes il me semblait que c'était mon cœur qu'elle faisait battre si vite! il me semblait que sa voix m'ouvrait comme un ciel oublié! La vision n'a duré qu'un quart d'heure, mais depuis un mois elle dure encore!

CABRITO.

Miséricorde! — Est-ce que vous lui avez parlé à la vision?

LE ROI.

Hé! non, je ne l'ai pas pu ce jour-là.

CABRITO, respirant.

Ah ! — De sorte qu'elle ignore encore le mal ou le bien produit par ses doux yeux.

LE ROI.

Oh ! si fait, elle doit le savoir !

CABRITO.

Elle doit le savoir ?

LE ROI.

J'ai quelque influence sur le gouverneur de la salle des alcades...

CABRITO.

Ce n'est pas invraisemblable.

LE ROI.

... Et le soir même il faisait remettre à Silvana, de ma part, un bijou et un billet signé : *Comte de Pardo.*

CABRITO.

Ce digne ami ! Qu'a-t-elle répondu ?

LE ROI.

Hé ! le malheur a voulu que la troupe bohème quittât Madrid le lendemain !

CABRITO, bas.

Honnête malheur ! (haut.) Alors vous avez perdu Silvana de vue ?

LE ROI.

Non pas ! mon brave gouverneur la suivait des yeux...

CABRITO, à part.

Oui, des yeux de la police !

LE ROI.

Mais, c'est incroyable ! elle s'est toujours dérobée à nous à travers les hasards de sa vie errante. J'accuse les hasards, car je ne puis croire qu'elle veuille me fuir.

CABRITO, à part.

Heureusement je puis le croire, moi !

LE ROI.

Enfin je me suis arrangé pour quitter la cour et pour aller chercher moi-même ma sœur à Jaën. Je savais bien qu'au retour je passerais par Guarraman et que Silvana y serait. — Et m'y voici.

CABRITO.

Après?

LE ROI.

Après? je vais la revoir.

CABRITO.

Après?

LE ROI.

Je vais lui parler.

CABRITO.

Après?

LE ROI.

Je vais lui dire que je l'aime.

CABRITO.

Et vous croyez que vous ne rencontrerez pas de difficultés?

LE ROI.

Des difficultés! oh! je ne m'en soucie guère!

CABRITO.

Pardon, pardon! c'est qu'une de ces difficultés, c'est moi.

LE ROI.

Vous! pourquoi?

CABRITO.

Eh! mais si moi je l'aime aussi?

LE ROI.

Comment! puisqu'il y a si longtemps que vous ne l'avez vue!

CABRITO.

Justement! si je l'aimais avant vous?

LE ROI.

Eh bien, que voulez-vous? nous serions rivaux.

CABRITO.

Mais moi, je suis de sa tribu.

LE ROI, riant.

Ma chance, à moi, c'est peut-être que je n'en suis pas.

CABRITO, amer.

Oui, parce que vous êtes riche et noble! Mais, moi, je suis son souverain!

LE ROI, riant.

Son souverain! ah! oui! ah! comme souverain, l'avantage est certainement pour vous.

CABRITO, à part.

Hé! je n'en suis pas si sûr que ça!

LE ROI.

Enfin, même à armes inégales, j'essayerai de lutter.

CABRITO.

Oh! mais, d'abord, d'abord, je peux même ordonner que vous ne la voyiez pas du tout!

LE ROI.

Oh! ce serait un abus de pouvoir!

CABRITO.

Ah! ma foi! un peu de tyrannie!

GARGAJAL, paraissant sur le seuil de la masure de gauche.

Seigneurs, je vous annonce la voyante et la prophétesse, notre devineresse Silvana.

CABRITO.

Un instant! je m'oppose...

LE ROI.

Feriez-vous cela, vraiment?

CABRITO.

Eh bien! non, tenez, le courage me manque pour retarder ma joie avec la vôtre. J'ai trop hâte de retrouver avec elle ma première jeunesse, ma première aurore!

LE ROI, tourné vers la porte ouverte.

Viens, viens donc, ô magicienne! ô magie!

CABRITO, tourné aussi vers le Chozil.

Ah! je la vois déjà s'élancer, charmante et légère!

GARGAJAL.

La Silvana!
(Paraît sur le seuil et entre à petits pas une vieille, vieille femme, courbée
sur une béquille, enfouie sous une mante à capuchon, et horriblement cas-
sée et déjetée. Les Bohémiens entrent avec elle et restent au fond.)

SCÈNE VIII

LES MÊMES, SILVANA, BOHÉMIENS; plus tard L'INFANTE,
DOÑA CARMEN et DON SÉNÈQUE.

CABRITO, à l'aspect de la vieille.

Qu'est-ce que c'est que ça?

LE ROI, inquiet, à Gargajal.

Hé! l'ami, vous annonciez Silvana. Dites-lui donc qu'elle
se hâte.

SILVANA.

Patience, mes bons seigneurs! elle se hâte tant qu'elle peut,
la pauvre Silvana. Mais quand on a cent ans et quatre mois...

LE ROI.

Une Silvana vieille!

CABRITO.

Horreur! la magicienne n'est qu'une sorcière!

SILVANA.

Enfin me voilà! me voilà à votre disposition, mes beaux cavaliers. Ordonnez de moi tout ce qu'il vous plaira.

CABRITO.

Oh! moi il ne me plaît rien!

LE ROI.

Ni à moi! Elle n'a presque plus forme humaine!

SILVANA.

Pardon si je me dérobe un peu; on a sa coquetterie! et dam! le ravage d'un siècle!

CABRITO, au roi.

Il y a là un siècle! (Ils saluent tous deux profondément.)

SILVANA.

Allons! ne veniez-vous pas me consulter sur l'avenir? Par lequel commencerai-je?

LE ROI.

Cabrito! vous aviez raison, vous êtes suzerain ici. Passez le premier, c'est votre droit.

CABRITO.

Précisément, comte, vous êtes mon hôte! Prenez le pas, je vous en prie.

SILVANA.

O jeunesse! jeunesse! vous montreriez plus d'empressement si vous aviez devant vous l'autre Silvana, Silvana la fraîche et la fleurie. (Riant.) Ah! ah! on dit que ce sont les vieux qui sont aveugles et sourds; mais vous, jeunesse, savez-vous parfois à côté de quel trésor vous passez sans y prendre garde?

LE ROI, riant.

Oui, les trésors de l'expérience, n'est-il pas vrai?

SILVANA.

Hé! croyez-vous, seigneur comte, que vous n'auriez rien à apprendre de celle qui a pu voir le grand empereur Charles-Quint dans sa gloire et dans son génie! O jeunesse aveugle! aveugle! aveugle!

LE ROI.

Elle a vu Charles-Quint!

CABRITO.

Elle est contemporaine de Barberousse! (Ils font mine de s'éloigner).

SILVANA, à Cabrito.

Et toi, qui de ton passé connais si peu de chose, comment fermes-tu l'oreille à celle qui, parmi tant d'histoires, a peut-être recueilli le secret de ton existence? O jeunesse sourde! sourde! sourde!

CABRITO.

Est-il possible! vous posséderiez ce secret! Parlez, parlez alors! (L'infante et dona Carmen sortent de la maison de droite.)

SILVANA.

Tout à l'heure; car j'entends venir qui doit passer avant toi. Celles-là n'auront pas peur de ma disgrâce et de ma caducité; elles en sont si loin!

DOÑA CARMEN.

C'est donc vous, la mère, qui devez nous dire la bonne aventure? J'espère que vous allez nous annoncer des choses bien effrayantes!

L'INFANTE.

Devinez mon sort si vous le pouvez, brave femme; seulement je vous avertis que je le connais.

SILVANA.

Oh! vous avez tort d'être si triste, madame; tout comme votre compagne a peut-être tort d'être si gaie. (A dona Carmen.) Voyons, votre main?

DOÑA CARMEN.

La voici.

SILVANA.

Attendez; il est bon qu'elle soit tenue et présentée par quelqu'un qui vous touche de près.

DOÑA CARMEN.

Je n'ai malheureusement plus de parents en ce monde.

SILVANA.

En êtes-vous certaine?

DOÑA CARMEN, surprise.

Certaine?... Du moins pour les personnes présentes.

SILVANA.

Pardon! (Cherchant, puis indiquant de sa béquille Cabrito.) Seigneur Cabrito, veuillez tenir cette main.

CABRITO.

Moi!... Oh ! vous voilà déjà dans l'erreur, devineresse.

SILVANA.

Faites ce que j'ordonne.

CABRITO, troublé.

Que dit-elle ? (A doña Carmen.) Allons, señora, s'il vous plaît d'obéir sans comprendre ?...

SILVANA, à demi-voix.

Ne riez pas, ne jouez pas avec le malheur, imprudente! un grand danger vous menace.

DOÑA CARMEN, souriant.

Est-ce un danger de mort ?

SILVANA.

Plus que de mort !

DOÑA CARMEN, sérieuse.

Comment ! un danger de l'honneur?

SILVANA.

Veillez ! et que tout ce qui doit vous protéger veille aussi !

LE ROI, qui n'a pu entendre, riant.

Ah ! ah ! doña Carmen, vous avez l'air pour de bon émue !

DOÑA CARMEN, pensive.

Oui, j'en conviens.

CABRITO, à part.

C'est étrange !

SILVANA, à l'infante.

A votre tour, madame, votre main.

LE ROI.

Et à mon tour, chère sœur, de vous prêter la mienne.

SILVANA.

Non : pas vous.

LE ROI, étonné.

Ah ! qui donc ?

SILVANA.

Le même cavalier encore. Il vaut toujours mieux que ce soit l'aîné.

LE ROI, regardant Cabrito.

L'aîné !

CABRITO.

Décidément, la pauvre vieille divague ! (à lui-même) et c'est dommage !

LE ROI.

Ma sœur et doña Carmen n'ont entre elles aucun lien de famille, bonne femme : on ne peut pas leur être parent à toutes deux à la fois.

SILVANA.

Hé ! hé ! cependant on peut avoir à la fois une sœur de père et une sœur de mère. — Allons ! faites ce que j'ordonne.

LE ROI, à Cabrito.

Ne contrarions pas sa fantaisie.

(Cabrito s'incline et présente à l'infante son avant-bras sous son manteau pour qu'elle y pose la main, puis, quand Silvana tient cette main, il se retire avec respect.)

SILVANA, à demi-voix à l'infante.

Vous avez raison, pauvre âme, de trembler devant la destinée qu'on veut vous faire : je l'entrevois plus cruelle encore que vous ne l'imaginez... Néanmoins résistez, résistez à la tentation impie du désespoir.

L'INFANTE.

Oh ! silence !

SILVANA.

Oui, mais rappelez-vous que le désespoir vient du démon et l'espérance de Dieu.

CABRITO, se rapprochant, à l'infante.

La tête a déménagé, n'est-ce pas ?

L'INFANTE, émue.

Non ! non ! la tête est bonne — comme le cœur.

LE ROI.

Vive Dieu ! mais ma sœur à son tour est toute tremblante !

CABRITO.

Hé ! seigneur comte, pour rassurer la señora, nous n'avons, nous, qu'à braver aussi l'oracle.

LE ROI.

Je le veux bien.

SILVANA.

Trop tard ! la nuit va tomber, et ma clairvoyance tombe avec elle. — Cabrito ! c'est une vision supérieure à la mienne qui pourrait seule à cette heure te dévoiler ton avenir.

CABRITO.

Et laquelle?

SILVANA.

Mais tout brave que tu te crois, oseras-tu aborder la grande sibylle?

LE ROI, vivement.

Une sibylle plus jeune?

SILVANA.

Plus vieille de cinquante ans : Maria Padilla !

CABRITO.

Le revenant de la tour !

LE ROI, riant.

Merci !

SILVANA.

Aurais-tu, Cabrito, le courage d'aller, seul, l'interroger cette nuit ?

CABRITO.

Vous oubliez, vieille, que la herse de fer de la tour est fermée et rouillée depuis un temps infini, et la légende dit que personne n'en retrouvera la clef, qui a été forgée par le diable en personne.

SILVANA.

Mais cette clef, si je la retrouve?

CABRITO.

Oui , dans cent ans.

SILVANA.

Si je l'ai sur moi, reculeras-tu ? (Elle fouille ses poches.)

CABRITO, entre les dents.

Ce qui va peut-être me faire reculer, sorcière, c'est la vue de ton affreuse griffe, plus ridée qu'une patte d'oie et plus sèche qu'un ergot de coq.

SILVANA dégage de sa mante un bras blanc et frais, et tend à Cabrito une clef.

La voici.

CABRITO, stupéfait.

Ah ! (Il saisit la main de Silvana et la baise.)

LE ROI, de l'autre côté de la scène.

Eh bien, Cabrito, qu'y a-t-il?

NANNIKEK, bas et vite au roi.

La vieille a des cheveux noirs, la centenaire a vingt ans. Prix : dix autres ducats.

LE ROI, bas.

Tu en auras cinquante! (Haut.) Eh bien, acceptez-vous le défi, Cabrito? allez-vous à la tour de Maria Padilla?

CABRITO.

Oui, j'irai !

LE ROI, à part.

Et moi aussi ! (Haut.) Prenez garde pourtant qu'elle ne vous porte malheur, cette clef de l'enfer.

CABRITO, regardant Silvana.

Oh ! non ! cette clef du ciel!

FIN DU DEUXIÈME ACTE.

ACTE TROISIÈME

Une salle dans la tour de Maria Padilla. Architecture moresque. Au fond, à droite, un promenoir extérieur avec deux portes : la première en pierres découpées, la seconde, au loin, cachée par une tapisserie. Une galerie supérieure à colonnettes en arcades règne sur le mur du fond ; une porte s'y ouvre à l'extrémité de droite ; on y monte de la scène, à gauche, par un escalier fermé d'une grille. Du même côté gauche, deux portes dérobées, l'une au premier plan, l'autre au fond, dans un pan coupé, au-dessous de la galerie. Du côté droit, porte secrète au premier plan, et, au second, escalier descendant à l'étage inférieur. Au centre de la salle, une vasque de fontaine en marbre supportée par des griffons. Une nuit d'août, blanche de lune et d'étoiles, éclaire la scène pendant tout l'acte.

SCÈNE PREMIÈRE

CABRITO, GARGAJAL. Ils descendent par l'escalier de gauche.

GARGAJAL.

Par ici : encore cinq marches à descendre, vous y êtes !

CABRITO.

Que de tours et de détours ! un vrai labyrinthe ! N'importe, voilà une ruine qui me paraît tout à fait habitable !

GARGAJAL.

Ah ! c'est que la tour de Maria Padilla n'est une ruine qu'en apparence et à l'extérieur ; sa mauvaise réputation fait sa meilleure défense. Mais pour nous, chefs bohémiens, c'est un bon et précieux refuge, et pour vous, seigneur, c'est, dans l'ordre de l'importance, le second de vos châteaux.

CABRITO.

Ah ! nous avons un château plus royal encore ?

GARGAJAL.

L'alcazar de Jabalon. Le roi Philippe IV n'en a pas beaucoup de plus beaux !

CABRITO.

A propos, le comte de Pardo, à l'heure qu'il est, il doit être arrivé à la Carolina, n'est-ce pas?

GARGAJAL, regardant autour de lui avec inquiétude.

Il y est parti, mais je ne crois pas qu'il y soit arrivé... S'il vous plait de continuer notre exploration ?

CABRITO.

Un instant ; dans quel endroit de la tour dit-on que revient le fantôme ?

GARGAJAL.

Dans cette galerie où nous sommes.

CABRITO.

Eh bien, mais si je me mettais tout de suite à l'attendre.

GARGAJAL.

Inutile. Il n'a sa liberté qu'après minuit sonné.

CABRITO.

C'est différent ; je vous suis, Gargajal. Je vois que vous connaissez particulièrement les habitudes du fantôme... Je vous suis. (Ils sortent par la porte du fond.)

SCÈNE II

LE ROI, NANNIKEK, montant par l'escalier de droite.

NANNIKEK.

Prenez garde de tomber, seigneur, et surtout de faire du bruit.

LE ROI.

Ah çà, drôle, est-ce que tu as peur?

NANNIKEK.

Une peur bleue.

LE ROI.

Eh mais! que crains-tu?

NANNIKEK.

Je crains tout. D'abord, si les camarades s'aperçoivent que

je vous ai vendu le secret de la tour, ils me pendront. Et puis, si nous rencontrons l'ombre de la feue reine, elle m'étranglera.

LE ROI.

Tu crois donc à l'apparition?

NANNIKEK.

Sans doute, puisque je ne l'ai jamais vue.

LE ROI.

C'est une raison. Cependant tu es bien sûr que Silvana la jeune se cachait réellement sous le capuchon de Silvana la vieille?

NANNIKEK.

Certainement! pour vous donner le change et vous échapper. Je l'ai entendue qui le disait à Gargajal.

LE ROI.

Mais elle n'a pas vu non plus Cabrito?

NANNIKEK.

Non plus: était-ce faute de temps ou faute de confiance? ça, je n'en sais rien.

LE ROI.

C'est bon! achevons de parcourir la tour, que je puisse au besoin m'y reconnaître dans ce chaos de murs, d'escaliers et de portes.

NANNIKEK.

Votre seigneurie n'en a donc pas vu assez?

LE ROI.

Vas-tu recommencer à trembler! toi, un Bohème !

NANNIKEK.

Eh! justement, dans cette vie de périls, qu'est-ce qui m'a jusqu'ici préservé si ce n'est la douce poltronnerie? Et croyez-vous que je me serais exposé à la vengeance de mes compagnons, si vous n'aviez pas excité en moi la douce cupidité?

LE ROI, riant.

Voyons, obéis, et je te prends à mon service, et tu pourras cultiver la douce paresse.

NANNIKEK.

A la bonne heure! voilà une parole consolante! Venez
donc, seigneur, venez.

LE ROI.

Ah! maître Cabrito, je veux, moi aussi, vous ménager une
surprise! (Ils sortent par l'escalier de gauche.)

SCÈNE III

CABRITO, GARGAJAL, rentrant par la porte du fond.

CABRITO.

Revenons, revenons. Pour rien au monde, je ne voudrais
faire attendre le fantôme!

GARGAJAL.

Pardon! est-ce que vous n'y croyez pas?

CABRITO.

Au fantôme? Si fait! puisque j'ai tant de hâte de le voir.

GARGAJAL.

Oui, mais vous n'avez pas l'air parfaitement convaincu que
ce soit un fantôme réel.

CABRITO.

A quoi voyez-vous cela?

GARGAJAL.

Vous n'avez pas peur.

CABRITO.

Comment! je n'ai pas peur? En dedans, je tremble comme
la feuille. Seulement, il y a ceux qui vont au danger aveuglé-
ment, brutalement, sans croire risquer grand'chose et sans
risquer grand'chose en effet, et il y a ceux qui comprennent
le péril et qui sentent leur valeur, mais qui dominent leur
émotion. Eh bien, je suis de ces derniers : je parais calme et
maître de moi, mais au fond, allez, j'ai très-peur.

GARGAJAL.

Ah! vous me rassurez! C'est que si vous doutiez le moins du
monde...

CABRITO.

Si je doutais?

GARGAJAL.

Le fantôme n'apparaîtrait pas. Une femme, si elle n'était pas une ombre, pourrait-elle venir vous trouver dans la solitude et dans la nuit? Aussi, quand le fantôme sera là, retenez un avis...

CABRITO.

Oui, mettez-moi bien au courant de son caractère.

GARGAJAL.

Ne le contrariez pas, ne lui résistez pas. Si par malheur vous essayez seulement d'étendre vers lui la main...

CABRITO.

Oh! je sais bien qu'il est impalpable.

GARGAJAL.

Si même vous l'approchez trop, si vous faites un pas qui lui semble menaçant, il s'envolera et ne reviendra plus.

CABRITO.

C'est bien! on tâchera de ne pas l'effaroucher, cet oiseau sauvage.

GARGAJAL.

D'ailleurs je resterai toujours là, à portée, et au premier appel...

CABRITO.

Oh! quant à ça, Gargajal, je vous en prie, je ne le souffrirai pas! je n'ai aucun besoin de secours, ma parole!

GARGAJAL.

N'importe! n'importe! souvenez-vous que je ne suis pas loin. Sur ce, cavalier, l'heure approche, je vous laisse. Discrétion et courage! (Il sort par l'escalier de droite.)

SCÈNE IV

CABRITO.

Seul enfin! Voyons à nous orienter un peu. Ah! oui, comme

c'est facile dans un pareil dédale ! il y a tant d'issues par où peut arriver et surtout s'enfuir une ombre ! Le mieux est d'attendre et de se fier à sa fortune et à son éloquence. Attendons. — Eh bien, c'est pourtant vrai que j'ai peur ! peur, non pas du péril, pardieu ! mais peur de l'inconnu, peur de mon espérance, peur de ma joie. Cette nuit transparente et bleue, ce chant de rossignol au loin, ces myrtes et ces jasmins qui pénètrent l'air d'ivresse, c'est effrayant ! Comme mon cœur bat ! Tout se tait, tout se recueille : qu'est-ce qui va éclore ? qu'est-ce qui va venir ? qu'est-ce qui va parler ? Il n'y a pas à dire, j'ai le frisson ! —Ah ! mon Dieu, cette tapisserie, il me semble qu'elle a remué. Elle s'ouvre... (La tapisserie du fond s'ouvre lentement et sans aucun bruit.) Je ne vois rien, je n'entends rien. Ah ! si !... un frou-frou de soie ! —Ah ! prenez les bruits les plus doux de ce monde, il n'y a pas de ramage d'oiseau, pas de chant de hautbois ou d'orgue, pas de voix d'enfant, dont la musique égale le frôlement d'une robe de femme se glissant vers vous dans l'ombre !

SCÈNE V

CABRITO, SILVANA, corsage d'or, longue robe blanche, un voile cachant son visage.

CABRITO.

Ah ! la voici ! elle approche ! — Oh ! venez, venez ! vous n'aurez jamais été attendue et invoquée par une âme plus émue !

SILVANA.

Et qui attendais-tu ? qui crois-tu voir et entendre ?

CABRITO.

Je ne sais. Ce qu'il vous plaira. A coup sûr une vision céleste.

SILVANA.

Je suis Maria Padilla.

CABRITO, incrédule.

Cependant...

Je suis Maria Padilla.

CABRITO.

Eh bien! oui. vous avez vos raisons; oui, vous êtes Maria Padilla.

SILVANA.

Tu allais continuer ta route hier, on t'a promis pour te retenir des révélations sur ta destinée; mais un fantôme seul pouvait te les apporter à cette heure et dans ce lieu.

CABRITO.

Sans doute, mais... (Il va pour s'avancer.)

SILVANA.

N'approche pas! un fantôme peut aussi s'envoler si tu approches. Enfin je sais qu'un profane s'est introduit ici et risque de nous interrompre.

CABRITO.

Ce Gargajal peut-être?

SILVANA.

Lui ou un autre. Et il faudra que je quitte cette salle s'il y vient.

CABRITO.

Mais alors, par grâce, découvrez du moins votre visage.

SILVANA.

Soit. (Elle écarte son voile.)

CABRITO.

Ah! vous êtes belle! Vous effacez encore le rêve que je me faisais là, dans ce cœur, de...

SILVANA.

De Maria Padilla!

CABRITO.

Certainement! mais Maria Padilla ressemble à l'idée adorable qui m'est restée d'une autre apparition de ma jeunesse; elle s'appelait...

4.

SILVANA.

Tais-toi! attends que j'aie parlé! et quand tu connaîtras le secret de ta naissance, celle que tu allais nommer et celle qui est devant toi s'évanouiront ensemble de ta mémoire comme de véritables fantômes.

CABRITO.

Ah! je réponds bien du contraire, par exemple!

SILVANA.

Allons! tu n'es pas indifférent, je suppose, à la pensée de devenir riche et puissant?

CABRITO.

Moi? ah! je m'en soucie bien!

SILVANA.

Tu dis cela! mais quand l'or et les honneurs s'offriront à toi...

CABRITO.

Ils me feront peur, et voilà tout. Ah! vous ne me connaissez pas, fantôme! — Il y a deux espèces de biens en ce monde, les biens qui viennent des hommes et les biens qui viennent de Dieu. Les avantages qui résultent des conventions humaines, c'est la richesse, c'est un nom retentissant, ce sont des honneurs héréditaires ou des dignités acquises. Les dons que Dieu dispense, c'est l'intelligence, c'est la bonté dans le cœur, c'est la beauté sur le front, enfin c'est l'amour. Mais ces deux sortes de biens se produisent rarement ensemble, et le plus souvent ils se font tort et obstacle entre eux. Aussi mon choix est fait, je n'hésite pas, et toujours, et quoi qu'il arrive, aux biens du monde je préférerai les dons du ciel.

SILVANA.

Est-il possible? est-ce ta pensée? — Et cependant tu désires retrouver ton nom et ta famille?

CABRITO.

C'est vrai; mais pourquoi ce désir? Jusqu'à présent, j'ai toujours vécu pauvre et obscur, et cependant toujours libre et toujours gai. Voulez-vous savoir quel est mon seul regret, ma seule tristesse, et la fêlure de la cloche? C'est que je suis seul au monde; c'est que je ne l'ai pas, le plus beau des dons du ciel; c'est qu'elle me manque cette douce conscience du cœur qui, dans les défaillances et dans les épreuves, vous murmure tout bas : Va donc! tu aimes, tu es aimé!

SILVANA.

O la plus fraternelle des âmes ! Et si je te rendais, moi, ce qui te manque; par exemple, une sœur ?

CABRITO.

Ah ! c'est pour le coup que je croirais que vous venez du paradis ! surtout...

SILVANA.

Surtout ?...

CABRITO.

Surtout si cette révélation doit rapprocher de moi...

SILVANA.

Qui donc?

CABRITO.

Ah ! vous le savez bien, Esprit! celle que j'allais vous nommer tout à l'heure.

SILVANA, tristement.

Entre elle et toi, au contraire, le secret révélé de ta naissance va mettre un obstacle. un obstacle invincible...

CABRITO.

Oh ! lequel ?

SILVANA.

Mais, que t'importe ! et pourquoi me fais-tu même cette question ?

CABRITO.

Pourquoi? vous voulez savoir pourquoi ?

SILVANA, vivement.

Non! laissons cela! laisse-moi achever!

CABRITO.

Laissez-moi vous répondre! C'est qu'orphelin, élevé par

le Bohémien Flammus, j'ai vu grandir et fleurir à mes côtés Silvana, sa fille.

SILVANA.

Ah ! vous vous approchez, monsieur ! prenez garde !

CABRITO.

Ah ! vous ne me tutoyez donc plus ! — Silvana enfant était déjà la grâce, l'esprit, le charme ! Je ne me rendais pas compte alors de ce que j'éprouvais près d'elle, mais c'était un ravissement ! L'amour à son lever est comme le soleil : il est moins radieux, il est plus doux.

SILVANA.

Je vais m'enfuir, si vous avancez encore !

CABRITO.

Hé ! c'est vous qui reculez toujours ! — Ah ! vous avez peur à votre tour ! mais vous ne brillez que mieux en tremblant, étoile que vous êtes !

SILVANA.

Je vais m'enfuir ! je vais m'enfuir !

CABRITO, la pressant de plus en plus.

Non, non ! vous m'entendrez ! — Je vous disais que l'amour naît et s'accroît au cœur comme une fleur mystérieuse, jusqu'à ce qu'il puisse s'épanouir dans quelque nuit embaumée comme celle qui nous entoure, Silvana, et où je puis enfin vous dire...

SILVANA.

Adieu ! (Elle a touché un ressort dans la muraille, la porte du premier plan à gauche s'ouvre derrière elle, et elle disparaît au moment où le roi se montre à la porte du fond.)

SCÈNE VI

CABRITO seul, puis LE ROI.

CABRITO.

Ah ! disparue ! C'est ma faute ! Silvana ! non : Maria Padilla ! revenez ! — Maudite muraille !...

(Il frappe le mur avec désespoir.)

LE ROI.

Ah ! çà, que diable faites-vous là, mon cher?

CABRITO.

Don Philippe !

LE ROI.

Qu'avez-vous donc à vous escrimer contre ce mur?

CABRITO.

Moi? rien. — Mais comment se fait-il?... vous étiez parti pour la Carolina ?

LE ROI.

J'étais parti en effet, mais en route j'ai réfléchi.

CABRITO.

Bon Dieu ! et à quoi?

LE ROI.

Je me suis dit que vous aviez eu l'obligeance de me promettre toutes sortes d'aventures charmantes, que j'avais accepté joyeusement cette promesse, et que c'était absurde et indélicat de ma part de vous abandonner à la première péripétie.

CABRITO.

Oh! je ne vous en voulais nullement.

LE ROI.

Je me suis dit que cette nuit n'était peut-être pas sans danger pour vous, que ce fantôme était inquiétant, qu'on n'est pas trop de deux pour braver le diable. Alors, ma foi, j'ai pris le cheval d'un de mes suivants, j'ai confié ma sœur et doña Carmen à la bonne garde de don Sénèque, je les ai laissés continuer leur route vers la Carolina, et me voici, tout prêt à partager votre veille. (Il passe son bras sous le bras de Cabrito.)

CABRITO.

Vraiment, c'est trop de bonne grâce ! car enfin vous ne vous étiez pas engagé à m'être un compagnon si... inséparable; il est telle circonstance où je pourrais vous gêner.

LE ROI.

Jamais! et je vous donne ma parole qu'à partir de ce moment, nous ne nous quitterons plus.

CABRITO, à part.

Et n'avoir pas même le droit de se mettre en colère!

LE ROI.

Enfin l'avez-vous vu, Cabrito, le fantôme?

CABRITO.

Je n'en ai pas vu trace; et vous?

LE ROI.

Moi, il m'a semblé, en entrant, voir se glisser comme une ombre.

CABRITO vivement.

De quel côté a-t-elle tourné?

LE ROI.

Je ne sais: elle a disparu dans un angle obscur.

CABRITO.

Ah! voilà! reviendra-t-elle à présent?

LE ROI.

Qu'elle vienne! elle trouvera à qui parler.

CABRITO.

Eh! mais justement, seigneur comte, je vous ferai une observation.

LE ROI.

Laquelle?

CABRITO.

Pourquoi sommes-nous ici? c'est pour que l'ombre nous apparaisse.

LE ROI.

Sans doute.

CABRITO.

Eh bien, jamais elle ne se montrera, tant que nous serons deux; jamais! ce serait contraire à tous les usages de l'autre monde.

LE ROI.

C'est possible, mais que faire?

CABRITO.

Je ne vois qu'un moyen : nous diviser, aller vous d'un côté et moi d'un autre.

LE ROI.

Vous avez peut-être raison. Voyons, cette salle ne vous a pas été favorable; cherchez-en une autre; moi j'y reste.

CABRITO.

Oh ! la persévérance est ma grande qualité à moi ! J'abandonne à votre seigneurie le reste de la tour, et je maintiens ici mon poste.

LE ROI.

Alors je reviens à ma première idée, je ne vous quitte pas.

CABRITO.

Mais songez pourtant... (Silvana descend lentement l'escalier, et, de la grille d'en bas, lui fait un signe d'appel. L'apercevant.) Ah !

LE ROI, se retournant.

Qu'y a-t-il? (Silvana a déjà disparu.)

CABRITO.

Ah ! vous voulez donc absolument et obstinément rester dans cette galerie?

LE ROI.

Oui.

CABRITO.

Allons ! je ne suis pas entêté, moi; je vous cède la place.

(Il s'élance dehors par l'escalier de gauche.)

LE ROI, seul.

Il me cède ! Il m'a cédé bien vite, ce n'est pas naturel ! — Où court-il donc? (Allant vivement au fond.) Ah ! là bas, dans ce sillon de lumière, Silvana ! Il allait la rejoindre ! Mais, vive Dieu ! s'ils se figurent que je vais me prêter tranquillement à leur entrevue ! (Il s'élance dehors par la même porte.)

SCÈNE VII

CABRITO, SILVANA, rentrant par la porte secrète de droite.

SILVANA.

Venez, rentrons dans cette salle. En ce moment, c'est
le dernier endroit où l'on nous chercherait.

CABRITO.

Ah! si c'est le diable qui a machiné cette tour, il n'est
vraiment pas malhabile architecte! — Mais savez-vous bien
quel est le seigneur qui nous poursuivait?

SILVANA.

Celle qui fut reine n'ignore pas ceux qui sont rois. ·

CABRITO,

Elle sait aussi ce que coûte leur amour?

SILVANA.

Oui, Maria Padilla était la femme du roi don Pèdre, et Maria
Padilla est morte empoisonnée... Mais que nous fait don Pèdre,
et que nous fait don Philippe?

CABRITO.

C'est bien vrai! ne soyons qu'à nous-mêmes! — Vous êtes
revenue, merci!

SILVANA.

Je suis revenue pour remplir un devoir, pour vous apprendre ce secret de votre naissance qui doit nous séparer
par une muraille autrement forte que celle-ci.

CABRITO.

Oh! ne dites-pas cela! Mes parents que sont-ils donc?

SILVANA.

Votre mère...

CABRITO, vivement.

Est-ce qu'elle vit?

SILVANA.

Non, vous l'avez perdue. Mais écoutez : elle n'était pas

seulement charmante entre les plus belles, elle était duchesse !

CABRITO.

Eh bien, croyez-vous que cette idée aveugle ma raison et
surtout mon cœur ? Quand même je serais le fils abandonné
de quelque amour illustre...

SILVANA.

Non pas : vous êtes le fils d'un mariage secret mais lé-
gitime.

CABRITO.

Vous voyez que le vertige ne me prend toujours pas.

SILVANA.

Attendez ! je ne vous ai parlé que de votre mère, mais quand
vous connaîtrez votre père !

CABRITO.

Eh bien ?

SILVANA.

Entre elle et lui il y avait encore une telle disproportion
de rang, que les plus augustes pouvoirs intervinrent pour
annuler leur mariage.

CABRITO.

Quoi ! leur mariage ?...

SILVANA.

Fut brisé par le pape, et vous, l'enfant de ce mariage, votre
aïeul ordonna qu'un cloître anéantît à jamais votre trace.

CABRITO.

Oh ! mon père, qu'était-il donc ? — Oh ! délivrez-moi, d'une
insupportable angoisse ! Vous dites que votre révélation va
élever entre Silvana et moi une barrière terrible. Et si mon
père était d'une condition tellement inférieure au rang de ma
mère...

SILVANA, à elle-même.

Inférieure ! que dit-il ?

CABRITO.

Si cela est, mon Dieu ! Flammus qui m'a recueilli, adopté,

Flammus, le père de Silvana, répondez! répondez! est-ce
que je serais son fils? est-ce que Silvana serait ma sœur?

SILVANA, vivement.

Oh! non! non, rassurez-vous! — Flammus était le serviteur à qui des ordres furent donnés pour vous faire disparaître;
mais ses instincts de Bohème se réveillèrent, il voulut vous
soustraire au cloître, il sut vous cacher dans nos anciens
repaires, il vous éleva, vous fit instruire, mais... mais vous
n'êtes pas son fils!

CABRITO, avec transport.

Ah! je revois les étoiles!

SILVANA, émue, à elle-même.

Ah! est-ce que son ivresse me gagne?

CABRITO.

Et maintenant dites-moi si vous voulez ce qu'était mon
père!

SILVANA, tristement.

Vous le dire! Ah! vous voulez décidément, vous exigez
que je vous le dise, que je vous le dise à présent, tout de
suite?

CABRITO.

Vous hésitez?

SILVANA.

C'est que... votre père, il n'est plus, il ne peut plus vous
aimer, vous protéger. Et j'espérais, c'est-à-dire je pen-
sais...

CABRITO.

Vous pensiez?

SILVANA.

Que près de vous, je pourrais, moi, vous être un peu utile
encore. Et c'est le nom de votre père, — je croyais vous l'a-
voir fait comprendre, — c'est ce nom surtout qui nous sépare.

CABRITO, vivement.

Oh! ne le dites pas alors! ne le dites pas!... — Mais ma
mère?

SILVANA, *prêtant l'oreille.*

Écoutez ! quelqu'un s'approche encore.

CABRITO.

Alors marchez devant ; je vous suis !

SILVANA.

Non ! je vous le défends ! restez !

(*Elle s'élance dehors par la porte de droite.*)

CABRITO, *voulant la suivre.*

Ah ! vous m'en demandez trop !

SCÈNE VIII

CABRITO, LE ROI.

LE ROI, *du haut des marches de gauche.*

Ah ! ça, mon cher...

CABRITO, *à lui-même.*

Don Philippe ! Oh ! mais le spectre et l'obsession, c'est lui !

LE ROI.

Je croyais que vous m'aviez abandonné cette salle.

CABRITO.

Dam ! vous l'avez quittée ! (*A part.*) Quand je pense que c'est moi qui l'ai invité ici !

LE ROI.

Je m'en étais éloigné, j'ai eu tort ; mais maintenant j'y rentre, et je n'en bouge plus.

CABRITO, *à lui-même.*

Oh ! quelle patience ! quelle patience ! comment ne s'aperçoit-il pas qu'on s'aperçoit qu'il est le roi !

LE ROI.

Je n'en bouge plus !

(*Parait, marchant lentement, à la galerie supérieure, une femme voilée qui porte un costume semblable à celui de Silvana. Le roi l'aperçoit.*)

Ah ! quand je dis que je n'en bouge plus !

CABRITO, l'apercevant aussi.

Silvana !

LE ROI.

Le fantôme !

CABRITO.

Oh! prenez garde! prenez garde qu'elle ne s'envole encore!

(Du balcon de la galerie la dame voilée jette un bouquet.)

Ah ! son bouquet!

(Tous deux s'élancent à la fois et saisissent le bouquet en même temps.)

LE ROI, se méprenant sur l'intention de Cabrito.

Merci !

CABRITO.

Comment! merci? — Mais je l'ai ramassé pour moi.

LE ROI.

Oh ! c'est à moi qu'elle l'a jeté !

CABRITO.

Je vous jure que c'est à moi !

LE ROI.

Pardon, à moi, monsieur !

CABRITO.

A moi, vous dis-je !

LE ROI, arrachant le bouquet à Cabrito.

Enfin c'est moi qui l'ai, et je le lui reporte !

(Il s'élance par l'escalier de gauche et ferme violemment sur lui la grille.)

CABRITO, le suivant.

Par exemple ! nous verrons ! — Ah! cette grille, quand je devrais la briser !...

(Le roi, lentement et avec précaution, suit, le long de l'escalier et de la galerie supérieure, la dame voilée, qui semble ne fuir que pour lui montrer le chemin.)

A quoi bon? elle ne fuit pas! elle se laisse suivre! C'est tout simple : il est le vrai roi, lui ! Ah! mon cœur, comme tu l'aimais déjà! comme tu souffres !

(La porte de droite de la galerie supérieure se referme sur la dame voilée, suivie par don Philippe.)

Ah ! l'ingrate! l'ingrate !

L'ingrat!

SCÈNE IX

CABRITO, SILVANA, plus tard GARGAJAL.

CABRITO, éperdu.

Silvana! Silvana! — Eh bien, mais don Philippe, qui donc poursuit-il là-haut?

SILVANA.

Une vraie ombre, la plus rapide de nos Bohémiennes, et il ne l'atteindra pas plus qu'une ombre.

CABRITO.

Ah! vous êtes un ange!

SILVANA.

Non, je suis une femme; voici le jour, c'est l'heure où les fantômes disparaissent.

CABRITO.

Mais où l'on se rappelle les rêves.

SILVANA.

Rappelez-vous la réalité. Laissez-vous réveiller par Silvana, laissez votre sœur d'adoption vous rendre votre sœur véritable. Cabrito, cette sœur, née du second mariage auquel votre aïeul paternel contraignit votre mère, la duchesse de Soriano, — cette sœur, c'est doña Carmen!

CABRITO.

Ma sœur! cette belle jeune fille souriante! O mon Dieu! mais la pauvre enfant, en ce moment, un danger la menace: cet insolent Buckingham!... Ah! Silvana, vous m'aiderez à sauver Carmen!

SILVANA.

Mais il va falloir que je vous quitte.

CABRITO.

Pourquoi? Oh! non, ne nous quittons plus jamais! (Entre par le fond Gargajal courant.)

GARGAJAL.

Silvana, don Philippe! Il a fait garder les issues, et le voilà qui vient lui-même.

CABRITO.

Fuyez!

GARGAJAL.

Trop tard! (Parait le roi au fond; derrière lui Nannikek et plusieurs écuyers.)

CABRITO.

Pourvu qu'il prenne galamment les choses!

SCÈNE X

Les mêmes, LE ROI, NANNIKEK, Écuyers.

LE ROI, après un moment de silence.

Ah! ah! notre cher hôte, nous voilà donc enfin réunis! ce n'est pas sans peine! Par Notre-Dame! vous ne vous vantiez pas hier : je n'ai jamais vu de châteaux plus accidentés que les vôtres, et c'est la vérité qu'on ne s'endort pas avec vous! Ma foi, le jeu commence à me piquer, savez-vous! et puisqu'il est entendu que nous ne devons nous quitter qu'au terme de mon voyage, il faut absolument que toute votre fantasmagorie vous suive, et je veux emmener avec vous le plus possible de votre monde : Nannikek, Gargajal, et enfin... enfin, votre magicienne Silvana, qui rejoindra doña Maria et doña Carmen.

SILVANA, bas, à Cabrito.

Ne résistez pas!

LE ROI.

Cela vous étonne sans doute de me voir disposer de vos gens en maître, et il est bon, je crois, que vous sachiez maintenant qui vous parle. Vous êtes le roi de Bohème, seigneur Cabrito; moi, je suis le roi d'Espagne.

CABRITO, à Silvana.

Eh bien, bataille de rois!

FIN DU TROISIÈME ACTE.

ACTE QUATRIÈME

Terrasse dans le parc de la Carolina. Balustrade à droite. Banc de marbre à gauche. Au loin, le château.

SCÈNE PREMIÈRE

DOÑA CARMEN, MARCOLINE, puis DON DIONIS.

DOÑA CARMEN, à Marcoline.

Eh bien, voyons, Marcoline, fais signe à don Dionis qu'il peut venir. — Oh! je suis toute tremblante. Mon Dieu! est-ce donc si mal, ce que je fais là? il faut pourtant bien que je lui apprenne la nouvelle. (Don Dionis passe pardessus la balustrade.) Ah! c'est lui!

DON DIONIS.

Doña Carmen! Enfin je vous approche, je vous parle!

DOÑA CARMEN.

Marcoline, veille. — Don Dionis, j'ai consenti à vous voir, parce que... parce que j'ai bien des choses à vous dire.

DON DIONIS.

Oh! et moi donc!

DOÑA CARMEN.

Oui, vous m'en avez avertie hier. Mais hâtez-vous; le roi peut arriver d'un instant à l'autre; commencez par le plus important.

DON DIONIS.

Vous avez raison, le plus important d'abord : Carmen, je vous aime!

DOÑA CARMEN.

Oh! cela, Dionis, vous me l'avez déjà dit... en présence de ma mère.

DON DIONIS.

Oui, mais écoutez : je vous aime, moi, avec tout le respect

et toute l'adoration de mon âme! et voilà qu'un odieux étranger, le duc de Buckingham, a l'insolence, sans vous avoir jamais vue, de prétendre à votre main. Carmen, c'est un homme
capable d'user de tous les moyens mauvais et impies! Je veille;
veillez aussi, Carmen!

DOÑA CARMEN.

Dionis, que pouvez-vous donc craindre d'un tel rival? —
Moi, j'ai une nouvelle plus sérieuse à vous annoncer, et une
bonne nouvelle!

DON DIONIS.

Si elle a rapport à notre amour!...

DOÑA CARMEN.

Oui, car le principal empêchement à notre mariage, c'est
ma trop grande richesse, n'est-ce pas? Eh bien, Dionis, je crois
que je vais être à moitié ruinée.

DON DIONIS.

Oh! quel bonheur!

DOÑA CARMEN.

La vieille Bohémienne d'hier — vous vous rappelez? — m'a
fait remettre une aumônière brodée aux armes de ma mère
et contenant une lettre d'elle, des bijoux qui lui ont appar-
tenu. — Mais ce n'est pas le commencement... il faut d'abord
que je vous dise... Aussi vous me troublez! ne me regardez
donc plus, Dionis. Quand vous me regardez, il me semble que
vous ne m'écoutez pas.

DON DIONIS.

Je vous écoute des yeux.

DOÑA CARMEN.

Eh bien, après la mort de mon père, ma chère mère m'a-
vait déjà confié que, d'un premier mariage resté secret, elle
avait un fils, que j'avais un frère, méchamment enlevé dès le
jour de sa naissance. Le roi a même entre les mains un testa-
ment par lequel la duchesse reconnaît ce fils et lui assure
toute la fortune maternelle. Dionis! Dionis! votre compagnon,
celui qui a tenu ma main hier au Chozil...

DON DIONIS.

Cabrito? Il ignore en effet sa famille.

DOÑA CARMEN.

Ce doit être mon frère! l'écrit signé de ma mère l'atteste.

DON DIONIS.

Oh! si c'est lui, nous aurions un protecteur, un allié!

(Son de cor au loin.)

MARCOLINE, reparaissant.

Señora! entendez-vous?

DOÑA CARMEN.

Le roi! il passe en ce moment sur le pont-levis. Et je suis encore chez moi ici; il faut que j'aille le recevoir.

DON DIONIS.

Mais nous n'avons rien dit, rien arrêté.

DOÑA CARMEN.

Et je ne serai pas libre de tout le jour!

DON DIONIS.

Pourtant je vais voir Cabrito, et j'attends du duc de Médina une dépêche de grande importance pour l'infante.

DOÑA CARMEN.

Ah! pour l'infante!

MARCOLINE.

On vient, madame.

DOÑA CARMEN.

Oh! partez vite, et ne vous montrez pas! Et, voyons, ce soir, quand tout ce monde se sera retiré, trouvez-vous à la petite porte de la galerie basse; Marcoline ira vous y prendre.

DON DIONIS.

Oh! merci!

DOÑA CARMEN.

Mais vous ne me direz pas que vous m'aimez!

DON DIONIS, lui baisant la main.

A ce soir. (Il sort par la droite.)

DOÑA CARMEN.

Tu as entendu, Marcoline, c'est à cause de l'infante!... A présent, vite au-devant du roi! (Elles sortent par le fond.)

SCÈNE II

NANNIKEK, précédant BUCKINGHAM.

NANNIKEK.

Veuillez attendre ici, seigneur cavalier.

BUCKINGHAM.

Et votre chef?

NANNIKEK.

Nous ne faisons que d'arriver dans ce château, à la suite du roi; car nous appartenons maintenant au roi! Le seigneur Cabrito, après que votre écuyer lui a eu parlé, m'a donné ordre à moi de vous conduire dans cet endroit écarté du parc, où il va venir vous rejoindre. —Votre seigneurie n'a plus besoin de mes services?

BUCKINGHAM, regardant au loin.

Attendez. Qui donc s'est enfui si vite à notre approche? une dame avec sa suivante? La connaissez-vous?

NANNIKEK, avec fatuité.

Je connais assez la suivante.

BUCKINGHAM.

Et c'est?...

NANNIKEK.

C'est Marcoline, la camériste de doña Carmen.

BUCKINGHAM, vivement.

Ah! la dame à la mantille, était-ce doña Carmen?

NANNIKEK.

De loin, je n'ai pas bien distingué la dame.

BUCKINGHAM, avec dépit.

Il est dit que je ne la verrai pas!

NANNIKEK.

Mais quant à la suivante...

BUCKINGHAM.

Après?

NANNIKER.

Non : quelquefois on se repent d'avoir trop parlé.

BUCKINGHAM.

Pas avec moi. D'où connaissez-vous si bien la suivante?

NANNIKER.

De Bohème. C'est une Rommany que la Silvana a réussi à faire entrer au service de doña Carmen et de l'infante. J'étais chargé de porter à Marcoline ses instructions, et naturellement...

BUCKINGHAM.

Fat!

NANNIKER.

Non, ma parole!

BUCKINGHAM.

Mais, si cela est, votre chef devrait vous employer dans ce qu'il m'a promis de faire.

NANNIKER.

Quel chef? le seigneur Cabrito? Ah! oui, fiez-vous à lui!

BUCKINGHAM.

Comment! faut-il s'en défier?

NANNIKER.

Un esprit arriéré, tyrannique, hostile au talent, ennemi du progrès! enfin, j'en ai bien peur, un honnête homme!

BUCKINGHAM.

En vérité! Je vois que vous auriez, vous, des idées moins étroites.

NANNIKER.

Moi, je sais me mettre à la hauteur des circonstances.

BUCKINGHAM.

Et s'il s'agissait d'une fortune?

NANNIKEK.

Qu'est-ce que votre seigneurie appelle une fortune?

BUCKINGHAM.

Dix mille écus, je suppose, à partager avec la gentille camériste.

NANNIKEK.

Oh! j'irais très-loin! et je me charge d'y faire aller Marcoline!

BUCKINGHAM.

Eh bien, si vous ne vous trompez pas sur Cabrito... Mais le voici.

NANNIKEK.

Oh! alors, qu'il ne me voie pas avec votre excellence! et tâchez qu'il ne me rogne pas trop... ma fortune. (Il s'esquive.)

BUCKINGHAM, seul.

Oui, j'espère à présent que je pourrai me passer de lui!

SCÈNE III

CABRITO, BUCKINGHAM.

BUCKINGHAM.

Ah! vous voilà enfin, mon très-cher! vous vous êtes fait bien attendre.

CABRITO.

Dès que j'ai pu m'échapper, j'ai tout quitté pour accourir vers votre seigneurie.

BUCKINGHAM.

Quelles nouvelles?

CABRITO.

Mauvaises de mon côté, mylord. Depuis hier je n'ai pas perdu mon temps, allez! j'ai percé à jour la situation, et je ne vous dissimulerai pas qu'elle est grave.

BUCKINGHAM.

Comment cela?

CABRITO.

D'abord don Dionis vous connaît maintenant pour son rival, et vous comprenez qu'il va veiller sur doña Carmen à toute heure et à toute minute.

BUCKINGHAM.

Par bonheur, don Dionis n'a pas à cette protection plus de droits que moi-même.

CABRITO.

Oui, mais il paraît que doña Carmen vient de retrouver un frère, — un frère très-légitime, — qui compte défendre sa sœur comme un diable déchaîné.

BUCKINGHAM.

Est-ce que vous croyez beaucoup à l'existence de ce frère-là, Cabrito?

CABRITO.

Oui, j'ai quelques raisons d'y croire... Vous en doutez, vous? Ce frère vous fait pourtant avertir, mylord, que si d'ici à vingt-quatre heures vous n'avez pas renoncé à entrer dans sa famille... de vive force, il se verra contraint de révéler au roi Philippe IV votre nom et vos desseins.

BUCKINGHAM.

Diantre! et il ne me donne que vingt-quatre heures, le galant homme! Ceci est grave, en effet. Que feriez-vous à ma place, Cabrito?

CABRITO.

Ma foi, seigneur, je lèverais le siége d'un douaire si bien gardé, et j'en chercherais quelque autre de plus facile accès.

BUCKINGHAM.

Oui-dà! vous prétendiez me connaître de réputation, vous vous trompiez, mon brave. Georges Villiers, duc de Buckingham, n'a jamais reculé devant aucun défi, devant aucun obstacle. Je vous ai dit que je n'étais plus très-riche, c'est vrai, mais non pas que je n'étais plus tout-puissant. Je suis grand écuyer, président de la cour du banc du roi, et connétable, et grand maître de Windsor, et grand amiral d'Angleterre. Le prince de Galles ne voit que par mes yeux, le roi Jacques Ier parle par ma bouche. Et quand on me nommera à Philippe IV, votre roi se souviendra que c'est moi qui ai fait décider le mariage de sa sœur avec mon prince, qu'une offense à ma personne inviolable romprait ce projet d'alliance, et que cette alliance rompue ferait éclater entre l'Angleterre et l'Espagne une guerre formidable.

CABRITO.

Oui, sans doute, la guerre éclaterait si l'Espagne offensait le représentant de l'Angleterre ou si l'infante refusait le prince de Galles, mais non pas peut-être si doña Carmen refusait le duc de Buckingham.

BUCKINGHAM.

Aussi faut-il avant tout que doña Carmen ne puisse pas me refuser.

CABRITO.

C'est là votre but, je le sais bien ; mais...

BUCKINGHAM.

Mais, avec ou sans votre aide, j'y arriverai.

CABRITO.

Je vois que, de son côté, votre seigneurie n'y est pas arrivée encore.

BUCKINGHAM.

C'est vrai ; car savez-vous que je n'ai pu encore mettre la main sur un seul des drôles que vous aviez si obligeamment placés sous mes ordres ?

CABRITO.

Voyez-vous cela, les bandits !

BUCKINGHAM.

Savez-vous qu'en revanche j'ai trouvé partout sur mes pas des hommes apostés par don Dionis ?

CABRITO.

Il a une chance, ce don Dionis !

BUCKINGHAM.

Savez-vous enfin, compagnon, que dans toute cette affaire je vous soupçonne fort de jouer double jeu ?

CABRITO.

Comment! dans votre duel avec don Dionis, dans votre partie à pile ou face, dans vos projets sur doña Carmen, c'est peut-être moi qui ai triché!

BUCKINGHAM.

Vous n'êtes pas avec moi, vous êtes contre moi, monsieur!

CABRITO.

De vous à moi, convenons que si j'étais avec vous, mylord, vous me mépriseriez!

BUCKINGHAM.

Vous l'avouez donc qu'au lieu de me servir, vous me trahissiez.

CABRITO.

Hé! ce n'est pas ma faute! c'est cette prude d'Escarmondarde, qui n'a jamais pu servir le loup contre l'agneau!

BUCKINGHAM.

A la bonne heure! je l'aime mieux ainsi!

CABRITO.

Et moi de même. Et comme vous êtes ici chez doña Carmen, je commence par vous engager amicalement à quitter le territoire ennemi.

BUCKINGHAM.

Oui, mais pour y rentrer bientôt! — Au revoir. C'est franchement la guerre; la guerre, soit!

CABRITO, pendant que Buckingham s'éloigne furieux.

La Bohème peut sans inconvénient, mylord, la soutenir contre l'Angleterre. (seul.) Oui, pardieu! elle se moquerait d'avoir l'Angleterre sur les bras! mais le diable, c'est qu'elle est aussi en délicatesse avec l'Espagne!

SCÈNE IV

CABRITO, SILVANA en Bohémienne, DOÑA CARMEN,
puis L'INFANTE.

SILVANA.

Je vous avais promis votre sœur, Cabrito: la voici. (Elle se retire à l'écart.)

DOÑA CARMEN, courant à Cabrito.

Mon frère!

CABRITO.

Répétez!

DOÑA CARMEN.

Mon frère!

CABRITO.

O le doux mot! Je n'y suis pas habitué, moi, pauvre cœur sans feu ni lieu. Ma sœur! vous êtes ma sœur! C'est bien vrai pourtant, cette belle noble jeune fille, cette âme charmante et douce, je lui dis : ma sœur! — Et vous, cela doit aussi vous étonner un peu de dire à ce sauvage : mon frère!

DOÑA CARMEN.

Non! moi je vous reconnais! J'ai si souvent parlé de vous avec notre mère. Et nous vous suivions, nous vous voyions de loin, généreux, fier, vaillant, doux pour notre amour, fort pour notre défense.

CABRITO.

Ma mère! oh! si elle avait donc pu encore un peu m'attendre!

DOÑA CARMEN.

Cher frère!

CABRITO.

Chut! il ne faudrait pourtant pas le dire trop haut, que nous sommes frère et sœur. Voyez-vous, moi, je n'ai d'ambitieux que le cœur. J'ai peur du grand jour et peur du bruit, et je goûterais mieux la joie de vous aimer dans l'ombre, en cachette, comme à l'abri. J'ai des raisons pour cela, de bonnes raisons.

DOÑA CARMEN.

Il va falloir pourtant que vous soyez mon soutien, mon protecteur.

CABRITO.

Certes! mais, par malheur, je ne suis rien, et je ne peux pas grand'chose.

DOÑA CARMEN.

Pardon! ici même vous êtes le maître. Ce château vous appartient.

CABRITO.

Ce château? un château pour tout de bon!

DOÑA CARMEN.

Du chef de notre mère, il est à vous, mon frère.

CABRITO.

Ah! si j'avais su! je n'ai pas assez congédié mylord-duc!
(Entre l'Infante.)

DOÑA CARMEN, allant à elle.

L'infante!

CABRITO, saluant.

Madame!

DOÑA CARMEN.

Oh! elle sait tout, je lui ai tout dit! Doña Maria et moi, nous mettions en commun joies et peines, et j'ai voulu aussi partager avec elle mon frère.

L'INFANTE.

Monsieur, je trouve Carmen bien heureuse d'avoir en vous un frère véritable; mais je ne suis pas jalouse, je suis heureuse avec elle. Ma cause d'ailleurs n'en fait qu'une avec celle de votre sœur.

DOÑA CARMEN.

Assurément; j'étais fiancée par notre mère à don Dionis, mais notre mariage n'est possible que si doña Maria épouse le duc de Médina-Sidonia.

L'INFANTE.

Et pour cela il faudrait que le projet d'alliance avec le prince de Galles fût rompu.

CABRITO.

Et pour cela il ne faudrait, me disait le duc de Buckingham tout à l'heure, qu'offenser un peu grièvement le duc de Buckingham. J'y penserai.

DOÑA CARMEN.

Cher frère, je m'en remets à vous, et à vous seul. Tenez,

don Dionis devait venir ce soir en secret me rendre compte d'une mission du duc de Médina-Sidonia pour l'infante...

CABRITO.

Ah oui-dà ! don Dionis ?...

DOÑA CARMEN.

Prévenez-le. Chargez-vous de tout.

CABRITO.

Oui, oui, je dirai à don Dionis que désormais je serai seul votre intermédiaire.

L'INFANTE.

Et si vous pouviez déjouer ce lord avant l'arrivée du prince !

CABRITO.

Oui, mais à qui avoir recours pour le contrarier là... officiellement ?

SILVANA, reparaissant.

Eh bien, au roi.

CABRITO.

Silvana ! — Oh ! pour Dieu ! Silvana, n'attendons rien du roi !

SILVANA.

Pourquoi donc pas, ami? Moi j'attends beaucoup, au contraire, de sa raison et de sa justice. La preuve en est que j'ai accepté de lui un rendez-vous ici tout à l'heure.

CABRITO.

Ici! vous, Silvana !

SILVANA.

Oui, ici, en plein jour, à découvert, sans risque et sans crainte.

CABRITO.

Oh ! vous ne ferez pas cela !

SILVANA.

Il le faut! il faut que je parle à don Philippe.

CABRITO.

Je serai présent alors.

SILVANA.

Il faut que je lui parle seule.

CABRITO.

Pourquoi? Qu'avez-vous à lui dire? Lui révélerez-vous donc
qui je suis!

SILVANA.

Oh! je ne le ferais qu'à la dernière extrémité, soyez tranquille! — Je vous le dis devant votre sœur, ayez confiance
en moi, laissez-moi faire!

CABRITO.

J'ai confiance en vous, Silvana; mais j'ai peur de lui, de sa
passion, de sa folie. Vous ne lui parlerez pas!

DOÑA CARMEN.

Prenez garde, mon frère!

SILVANA.

Prenez garde, en effet, que vous allez m'offenser vous-
même.

CABRITO.

Eh bien, écoutez : je subirai cette torture, mais laissez-moi
être là, quelque part, à portée de la voix. Et si vous appelez...

SILVANA.

Vous me donnez votre parole de ne venir que si j'appelle?

CABRITO.

Je vous la donne. Et même si vous appelez, ne craignez
rien, je saurai respecter sa dignité avec la vôtre.

DOÑA CARMEN.

Le roi!

SCÈNE V

LES MÊMES, LE ROI, DON SÉNÈQUE, QUATRE OU CINQ
SEIGNEURS.

LE ROI.

Doña Carmen, je vous amène don Sénèque, tout enchanté

de se retrouver en un lieu où l'on se donne ses noms et ses titres.

DON SÉNÈQUE.

Oh! oui, Altesse! ici on se reconnaît, ici on respire, Altesse!

LE ROI.

Si vous vouliez, doña Carmen, avoir la bonté de faire à ce cher marquis, en même temps qu'à l'infante, les honneurs de vos beaux jardins!

DOÑA CARMEN.

Je suis à leurs ordres.

LE ROI.

Et vous, seigneur Cabrito, il faut aussi voir si un vrai château vous plaira, quoique celui-ci ne soit pas en ruine et quoiqu'il ne soit pas à vous.

CABRITO.

C'est juste, il est à vous, don Philippe, puisqu'on dit que le roi est chez lui partout.

LE ROI, à lui-même.

Allons! il s'exécute à son tour d'assez bonne grâce.

(Tous s'éloignent.)

SCÈNE VI

LE ROI, SILVANA.

LE ROI.

Enfin! je peux vous voir, je peux vous parler seul, sans masque et sans feinte. Vous savez que je suis le roi, et je vais pouvoir vous dire ce qu'est don Philippe.

SILVANA.

Je désirais, moi aussi, vous dire ce qu'est Silvana.

LE ROI.

Dans le roi, Silvana, se cache, triste souvent, inquiet toujours, un homme jeune, ému, sincère, qui espère, qui attend, qui rêve. C'est bien lourd, allez, une couronne! et je ne sais trop si ce fardeau était fait pour mon front; mais j'aime à oublier que je le porte, j'aime à laisser à mon conseil, au comte-duc, aux ministres, l'orgueil et le poids de la puissance, et ma joie à moi, c'est quand Velasquez me montre un tableau, c'est quand Lope de Vega me lit une comédie...—ce serait! ah! ce serait surtout si une femme aimée me disait : Je vous aime !

SILVANA.

On a dû déjà vous le dire, ou on vous le dira, seigneur. Seulement il ne faudra pas que votre rêve se heurte à un autre rêve. — Tenez, par exemple, dans notre race bohémienne, misérable, errante et méprisée, une étrange vertu s'est jusqu'ici gardée entière, qui se transmet, je crois, dans le sang, — et que mon père m'a gravée à moi dans l'âme ! — c'est une sorte de pureté jalouse et presque sauvage, qui ne veut qu'un amour unique et qui braverait la mort plutôt que d'y manquer.

LE ROI.

Eh bien, mais j'admire et j'aime cette fierté, Silvana ! Avec tant d'autres grâces et tant d'autres dons, elle est en vous comme un charme de plus qui m'attire.

SILVANA.

Vous m'avez mal comprise, don Philippe. Je voulais vous faire entendre que cet amour unique, les rois ne peuvent le vouloir, ne pouvant pas le donner.

LE ROI.

Et pourquoi ne le donneraient-ils pas? La tour où nous étions ce matin aurait dû mieux fixer vos souvenirs. Maria Padilla fut à la fois la reine des Bohémiens et la femme du roi don Pèdre.

SILVANA.

Ce qui n'empêcha pas le roi don Pèdre d'épouser Isabelle de Bourbon du vivant de Maria Padilla. D'ailleurs ne remontons donc pas si haut, n'allons pas si loin! Tenez, ce château même où nous sommes, pensez à ce qu'il a vu au temps où le roi don Philippe III, votre père, ne s'appelait encore que le prince des Asturies.

LE ROI.

Ah! comment savez-vous cela?

SILVANA.

Le prince était marié secrètement à la jeune duchesse, le prince en avait un fils. Mais voilà qu'un jour le roi Philippe II, votre aïeul, arriva ici froid et sombre, et brisa le mariage, et enleva l'enfant, et contraignit la femme à épouser le duc de Soriano.

LE ROI.

Oh! qui donc vous a fait ce récit?

SILVANA.

C'est mon père, à qui l'enfant fut remis pour être jeté dans un cloître.

LE ROI.

Eh bien, Philippe III, devenu roi, n'a-t-il pas toujours entouré la duchesse de Soriano d'une sorte de vénération et de culte? Ce fils, ce fils perdu, il y pensait même à sa dernière hèure, il me recommandait à moi ce frère... Silvana, est-ce que vous sauriez ce qu'il est devenu?

SILVANA.

Il ne s'agit pas de cela! il s'agit qu'en amour les princes ne sont pas leurs maîtres!

LE ROI.

Il s'agit... il s'agit que j'ai la fièvre, que vous êtes enfin là, près de moi, vous que depuis un mois je ne vois qu'en rêve, et que mon cœur est plein d'amour et que mes yeux sont pleins d'ivresse! Ce que le comte de Pardo vous écrivait, don Philippe vous le dit : Silvana, je vous adore!

SILVANA.

Ah! taisez-vous! n'oubliez pas qui vous êtes!

LE ROI, voulant prendre Silvana dans ses bras.

Je me souviens de vivre et que vous êtes belle!

SILVANA.

Laissez-moi!... Ah! je me croyais sur vous plus de pouvoir!...

LE ROI.

Oui, vous pouvez tout, hormis de n'être pas aimée.

SILVANA.

Altesse, laissez-moi!.. — ou à tout risque j'appelle!

LE ROI.

Oh! quand je suis là, qui donc oserait venir à une autre
voix que la mienne?

SCÈNE VII

LES MÊMES, CABRITO.

CABRITO.

Est-ce le roi qui parlait d'appeler?

LE ROI.

Cabrito! — Ah! c'est trop d'audace, mon maître!

SILVANA, bas à Cabrito.

Souvenez-vous devant qui nous sommes.

CABRITO.

Qu'avez-vous, Silvana? En quoi vous ai-je offensé, Altesse?
Comment donc! vous me traitez bien sévèrement, il me semble! est-ce que nous ne le prenons plus en riant? — Sans
doute je me souviens que je suis en présence du roi d'Espagne; mais je me rappelle aussi que don Philippe a daigné
m'accepter, jusqu'au terme de son voyage, pour son humble
compagnon de route.

LE ROI.

C'est possible, mais je change d'avis, je renonce à ce plaisir, seigneur roi de Bohème, et dès à présent je vous laisse
libre de retourner parmi vos sujets exilés.

CABRITO.

Il paraît que le roi aime les courtes folies. Allons, venez,
Silvana.

LE ROI.

Non pas; vous partez seul, Silvana reste.

CABRITO.

Silvana, est-ce votre volonté?

LE ROI.

C'est la mienne.

CABRITO.

Oh! je me permettais d'interroger seulement Silvana.

LE ROI.

Mais il me plaît à moi de répondre, — et que vous soyez là, peu m'importe! — je dis : Silvana restera, parce que je le veux, parce que je suis le maître, parce que je l'aime.

CABRITO.

Et vous, Silvana, aimez-vous don Philippe?

SILVANA.

Non.

CABRITO.

Vous l'entendez, Altesse.

LE ROI.

N'importe! quand on ne m'aime pas, on m'obéit.

CABRITO.

L'amour n'obéit pas, seigneur.

LE ROI.

Il obéira! Ah! c'est donc à dire, parce que je suis le roi, que je n'aurai ni passion, ni joie, ni jeunesse! Est-ce qu'il n'y a en moi rien d'humain, par hasard? est-ce qu'en ce moment mon cœur ne bat pas? est-ce que ma voix, comme mon âme, ne tremble pas d'amour, de douleur et de jalousie?

CABRITO.

Oui, je vous plains. En effet, il ne doit pas faire bon être roi pour être heureux. Résignez-vous à votre grandeur, Altesse, vous lui appartenez. Moi, pauvre cadet de la Providence, je peux offrir à celle que j'aime plus que vous, roi d'Espagne; je peux lui donner mon nom et ma vie; je peux faire d'elle ma femme, vous n'en feriez que votre maîtresse. — Allons, Silvana, allons.

SILVANA, à demi-voix, tremblante.

Oh! oui, allons, j'ai peur!

LE ROI.

Pas un pas de plus ! Si je n'ai pas la persuasion, vous convenez que j'ai la toute-puissance. Eh bien ! j'en userai, j'en use.

SILVANA.

Don Philippe, ne faites pas cela ! Don Philippe, je suis venue ici librement, me retiendrez-vous de force ?

CABRITO allant de Silvana au roi.

Non, Silvana, soyez tranquille ! — Rassurez-la donc, seigneur. C'est bien évident que vous pouvez tout, qui est-ce qui songe à le nier ? Oui, vous pouvez faire trembler, mais vous aimez mieux faire sourire. C'est comme cela que nous avions commencé, et vous ne voudriez pas gâter ce gentil chapitre de roman. — Silvana, vous êtes une enfant d'avoir peur ! Est-ce que l'aigle s'amuse à terrifier de pauvres oisillons comme nous ? il les laisse prendre leur volée et ne s'en soucie guère ! — Altesse, quand je disais que votre amour causait l'effroi, je parlais seulement, bien entendu, de ce qui est au-dessous de vous, comme la peureuse que voilà. Pardieu ! les princesses et les filles de roi seront toujours heureuses et glorieuses d'être choisies par vous. Aimez-les, ces beautés fières, de haute race et de grand nom. Mais celle-ci, cette enfant de Bohême, tout effarouchée, vous voyez, dans vos palais, dans vos jardins, oh ! laissez-la, laissez-la ! laissez ces orphelins, ces aventuriers, à leur gaie misère, à leur vie errante, au nid dans la feuillée, au grand air, au ciel libre, au plafond de la maison du bon Dieu, leur père ! — Venez, Silvana, venez.

LE ROI.

Silvana ! non ! il me semble que ma vie s'en irait avec vous. Ah ! il ne s'agit pas ici d'un caprice. Je souffre trop ! Vous ne partirez pas !

CABRITO.

Altesse, vous n'exercerez pas cette violence ! Je ne veux pas vous offenser, je vous parle avec le respect qui vous est dû, j'aurais honte pour vous de vous voir moins grand, moins roi devant elle !..

6

LE ROI.

Eh ! que me font vos respects ? je n'ai qu'une envie, moi,
c'est de croire que je ne suis pas le roi, qu'il n'y a plus ici
que deux rivaux, deux hommes qui aiment la même femme,
et de vous dire : Défendez-vous !

CABRITO.

Et moi, sur mon honneur et ma loyauté, je jure que, dus-
siez-vous me tuer, cette épée ne sortira pas du fourreau devant le roi ! Ah ! c'est mon avantage à moi que contre vous on
est sans défense ! — Et même quand je voudrais me servir de
cette arme, eh bien ! je crois que je ne le pourrais pas. Non, je
ne sais, je ne peux pas avoir contre vous de haine. Dès que
je vous ai vu, quelque chose a parlé pour vous dans mon cœur.
Je l'ai dit à don Dionis, je lui ai dit : Ah ! c'est le roi ; eh bien,
le roi me plaît !.. Je le lui ai dit dans ces termes-là, demandez-le
lui. — Et maintenant frappez-moi, si vous voulez.

LE ROI.

Eh ! non, je ne vais pas vous frapper, mais je veux emmener
Silvana.

CABRITO.

Alors vous me tuerez. Elle est mon bien, ma vie, mon âme.
Je l'aime, je l'aime, je l'aime ! Et moi vivant, j'empêcherai
qu'on ne l'approche.

LE ROI, marchant à Silvana.

Ah ! tu n'empêcheras rien !

CABRITO.

Non, si vous me tuez. Mais tant qu'il me restera un souffle,
je serai là, entre vous et elle. J'y serai à genoux, mais j'y
serai.

LE ROI tire son épée.

T'écarteras-tu, rebelle !

CABRITO.

Non, tuez-moi.

LE ROI.

Si tu m'en défies tant !

SILVANA.

Ah! arrêtez! savez-vous qui vous frapperiez?

LE ROI, l'épée haute

C'est un vil Bohème!

SILVANA.

C'est votre frère!

LE ROI laisse tomber son épée.

Le fils de Philippe III et de la duchesse?

SILVANA.

C'est lui! je le prouverai. — Et maintenant vous ne pouvez
plus le haïr.

LE ROI.

Non, car maintenant il ne doit plus vous aimer! lui aussi le
voilà fils de roi! — Silvana, ni à l'un ni à l'autre!

SILVANA.

Je le savais quand j'ai parlé.

CABRITO.

Ah! Silvana, pourquoi m'avez-vous trahi? — Mais, titre et
nom, si moi je refuse?

LE ROI, vivement.

Oh! mais moi, je vous reconnais pour mon frère! et le roi
Philippe III, mon père, vous avait reconnu pour son fils! Oui,
le Bohème m'échappait peut-être! mais vous, duc de l'Infan-
tado, grand maître d'Alcantara, vous mon frère, sachez que
vous m'avez pour seigneur.

CABRITO.

Ah! je reste pourtant le maître dans ma destinée, comme
je suis le maître dans ce château.

LE ROI.

Personne n'est le maître là où est le roi. — Silvana, quittez
sa main.

CABRITO.

Silvana! (Il rend à Silvana sa main, mais elle s'attache à lui des deux mains à la
fois.)

LE ROI.

On nous résiste! — Ah! il faudra bien que vous quittiez
cette main! Vous êtes mon prisonnier, monsieur! — Votre
épée! — Don Sénèque, à moi!

CABRITO.

Non! non! n'appelez pas! ne me nommez pas! personne
entre nous! pas de main sur moi! Seul et de moi-même, je
m'y rendrai, dans votre prison! (Paraissent dona Carmen, l'infante, don Sénèque, des seigneurs et des écuyers. Il court à dona Carmen et la réunit à Silvana.) On
me sépare de vous quand j'aurais tant à veiller sur vous! Je
vous confie l'une à l'autre : doña Carmen, ne quittez pas Silvana d'une minute! Silvana, ne quittez pas Carmen! Et puis,
soyez tranquilles! si quelque danger vous menace, il n'y a pas
de cage qui tienne, je suis de race léonine, et capable de tout
broyer, geôliers et barreaux!

FIN DU QUATRIÈME ACTE.

ACTE CINQUIÈME

Salon dans le château de la Carolina. Portes au fond, à gauche et à droite. Porte dérobée à gauche. Un guéridon à table de marbre.

SCÈNE PREMIÈRE

L'INFANTE, DOÑA CARMEN, assises, SILVANA, debout près d'elles, puis LE ROI et DON SÉNÈQUE.

DOÑA CARMEN, à l'infante.

... Voilà pourquoi nous nous aimions tant, c'est qu'il était notre frère !

SILVANA.

Et voilà pourquoi j'ose vous aimer toutes deux, c'est que vous êtes ses sœurs. (Entrent le roi et don Sénèque par la porte du fond.)

DOÑA CARMEN.

Le roi ! (Elles se lèvent toutes trois.)

LE ROI les salue.

Asseyez-vous, je vous en prie ! (L'infante seule obéit. Il va s'asseoir du côté opposé.) J'arrive, tout le monde se tait !

DON SÉNÈQUE.

C'est naturel ! devant le roi ! — Ah ! on sent que nous approchons de l'imposante gravité de l'Escurial.

LE ROI.

L'Escurial ! eh ! nous n'y sommes pas encore ! Mais déjà on me laisse seul, à l'écart, sans me parler, sans me regarder. Trois jeunes femmes sont là, à la fois près et loin de moi, qui sont la bonté, l'esprit, la grâce ; mais moi, je ne suis pour elles que l'effroi.

L'INFANTE et DOÑA CARMEN, se récriant.

Oh ! — don Philippe !...

LE ROI.

Doña Maria, j'ai de fâcheuses nouvelles : Olivarès m'écrit que le prince de Galles arrive à Madrid demain. (Mouvement d'angoisse de l'infante.) Ah ! ma pauvre sœur, si l'Espagne était en état de soutenir la guerre ! si le duc de Médina-Sidonia faisait sa soumission ! si je trouvais une occasion ou seulement un prétexte pour rompre l'alliance projetée ! Mais non, rien et personne ne me vient en aide ! Allez, doña Maria, vous êtes malheureuse, vous souffrez ; mais moi je suis encore plus malheureux de vous laisser souffrir.

L'INFANTE a traversé le salon et vient donner la main au roi.

Aussi, je ne vous accuse pas, mon frère, je vous aime !

LE ROI.

Oh ! vous êtes bonne ! — Doña Carmen, j'ai reçu, par l'ambassadeur d'Angleterre, une lettre du duc de Buckingham, dans laquelle il me demande votre main... Mais ne vous effrayez pas ! Le duc n'a le droit de s'offenser d'un refus que lorsqu'il parle au nom de l'Angleterre : et plût à Dieu qu'il s'offensât ! Je vous ai réservé toute liberté.

DOÑA CARMEN est aussi venue peu à peu jusqu'au roi.

Ah ! je vous remercie, don Philippe !

LE ROI.

A la bonne heure ! vous voilà deux près de moi — Il n'y a plus que vous, Silvana !

SILVANA.

Pardon, Altesse ! c'est que Silvana, entre des murailles et des portes closes, ne sait seulement pas se mouvoir et peut à peine respirer. Certainement les palais sont riches, sont superbes ! mais qu'est-ce que vous voulez ? nous nous y trouvons à l'étroit et mal à l'aise, nous autres, qui d'habitude avons pour clôtures les grands horizons, pour tapis la mousse, l'arc-en-ciel pour dais, et pour lustre le soleil. Ce n'est pas ma faute, ici l'air me manque. Et pourtant je ne suis enfermée qu'à moitié... et je pense à ce que doivent endurer ceux qui, nés libres comme moi, sont prisonniers tout à fait.

LE ROI.

Ah! ceux-là, puisque vous les plaignez, je les envie. On ne
tsa que me maudire, moi!... oh! je le sens bien! Et pourtant
je n'ai pas l'âme mesquine ni méchante! l'infante me donne
son doux exemple, et, ne pouvant être aimé, Silvana, je tâcherai de ne pas être haï.

SILVANA, s'élançant vers lui.

Oh! don Philippe, on ne demande qu'à vous bénir!

LE ROI.

Ah! vous êtes venue aussi... C'est bien! (se levant.) Allons!
l'heure s'avance; doña Maria, je veux vous donner la main
jusqu'à votre porte. Demain soir nous serons à Aranjuez, et
nos vacances de roi seront finies; j'en avais espéré mieux!—
A demain.

L'INFANTE, sur le seuil de la porte de droite.

A demain. (Elle sort.)

LE ROI, saluant doña Carmen et Silvana.

Vous êtes chez vous, doña Carmen. Dieu vous garde!

DON SÉNÈQUE.

Don Philippe trouvera en bas ses gens de service, les portes
gardées, les sentinelles à leurs postes. Il pourra déjà se croire
à Aranjuez.

LE ROI, souriant tristement.

Merci! (Il sort précédé de don Sénèque et de pages.)

SCÈNE II

SILVANA, DOÑA CARMEN, puis DON DIONIS.

DOÑA CARMEN.

Ah! nous avons entendu de bonnes paroles, il me semble;
nous avons de quoi espérer!

SILVANA.

Doña Carmen, tant qu'il ne sera pas en liberté, je ne pourrai que craindre! Que pense-t-il? que fait-il?

DOÑA CARMEN.

Si vous vouliez, nous pourrions avoir de ses nouvelles.

SILVANA.

Comment ?

DOÑA CARMEN.

Je suis sûre que don Dionis en a! — Vous savez, j'avais
permis à don Dionis de venir me parler ce soir. Et comme
mon frère n'a pu lui donner contre-ordre...

SILVANA.

Est-il donc là ?

DOÑA CARMEN.

Dam! je le crains : Marcoline devait lui ouvrir la petite
porte de la galerie basse. Et du moment que vous êtes avec
moi... (Elle va à la porte dérobée.)

SILVANA.

Mais, imprudente !...

DOÑA CARMEN.

Oh! nous ne pouvons pas rester si inquiètes sur mon frère.
(Elle ouvre la porte. Marcoline introduit don Dionis et sort.) Ah! vous voilà, don
Dionis !...

DON DIONIS.

J'attendais... (Apercevant Silvana.) Señora!

SILVANA.

Savez-vous quelque chose de Cabrito, monsieur ?

DON DIONIS.

Oui, je quitte Gargajal et les siens.

DOÑA CARMEN.

Ah! vous voyez!

SILVANA.

Eh bien?

DON DIONIS.

On n'a pu encore arriver jusqu'à lui : il est enfermé, gardé.

SILVANA.

Où cela?

DON DIONIS.

Dans la partie du château qu'on appelle la Tourelle.

DOÑA CARMEN.

O mon Dieu ! un endroit inaccessible !

DON DIONIS.

N'importe ! ne désespérons pas ! Doña Carmen, j'ai la lettre de soumission du duc de Médina; je la remettrai au roi demain dès la première heure, et désormais, Carmen, nous pourrons librement nous entendre... nous entendre pour délivrer votre frère.

SILVANA.

Oh! oui, le délivrer à tout prix! J'ai peur de son courage! Est-on à même de l'aider, au moins, s'il tentait quelque coup d'audace?

DON DIONIS.

Soyez tranquille! nous sommes là!

SILVANA.

Ah! pas en ce moment! Retournez, retournez bien vite!

DON DIONIS.

Pardon, señora, mais Cabrito n'est pas seul en danger. Le duc de Buckingham a osé, vous le savez bien, jeter sur doña Carmen ses vues indignes; pour l'obtenir, il a juré de la compromettre...

DOÑA CARMEN.

Mais que veut-il, ce lord? Il me demande en mariage au roi, et il ne m'a jamais vue!

DON DIONIS.

Eh! pourquoi ne vous a-t-il pas vue? parce que Cabrito l'a constamment déjoué, parce que depuis deux jours nous ne lui permettons pas de vous approcher même de loin, parce que je l'ai surveillé toute la nuit dernière... Ah! Carmen, permettez-moi, — c'est la volonté de Cabrito lui-même, — permettez-moi d'être encore contre cet homme le gardien de votre honneur.

SILVANA.

Je crois cependant, don Dionis, que, pour écarter de ce front pur jusqu'à l'ombre d'un soupçon, ma présence vaut encore mieux que la vôtre. Allez, ne craignez rien, vous pouvez être tout à Cabrito; moi je reste près de sa sœur. L'honneur est une fleur délicate que la main légère des femmes sait mieux préserver que la main rude des hommes.

DOÑA CARMEN.

Ah! Silvana a raison! Allez, Dionis, et avant tout secourez mon frère.

SILVANA.

Ensuite il saura bien vous protéger, lui! Allez!

DON DIONIS.

Vous le voulez, Carmen? vous ordonnez que je m'éloigne?

DOÑA CARMEN.

Oui, pour l'amour de moi.

DON DIONIS.

Ah! j'obéis. (Il sort par la porte dérobée.)

SILVANA.

Dieu! si je pouvais être là! il me semble que je le sauverais, moi! Mais non, je dois, je veux lui tenir parole. Venez, rentrons chez vous, doña Carmen.

DOÑA CARMEN.

Cabrito l'a dit : Ne nous quittons pas!

SILVANA.

Pas d'une minute! (Elles sortent par la porte de gauche. Dès qu'elles ont disparu la porte dérobée s'ouvre, Marcoline entre, va éteindre le flambeau resté allumé sur le guéridon, retourne introduire Nannikek et Buckingham, puis sort par la porte du fond.)

SCÈNE III

BUCKINGHAM, NANNIKEK.

NANNIKEK.

Personne! Vous pouvez entrer, seigneur.

BUCKINGHAM.

Escalier secret, porte discrète... à la bonne heure! je me reconnais dans mon manteau couleur de muraille.

NANNIKEK.

Vous êtes sûr, excellence, que ce don Dionis ne nous a pas aperçus dans notre coin sombre?

BUCKINGHAM.

Sans doute. Et voilà qui apprendra aux amoureux à passer par les portes dérobées; ils les ouvrent en même temps à leurs rivaux.

NANNIKEK.

Marcoline aura-t-elle bien fermé derrière lui les verroux? S'il allait rentrer!

BUCKINGHAM.

Ah! pardieu! j'avais bonne envie de le rappeler moi-même. Mais non, c'eût été trop tôt! — Voyons, allume ce flambeau.

NANNIKEK.

Ce flambeau! pourquoi faire?

BUCKINGHAM.

Eh bien, pour y voir.

NANNIKEK.

Mais si l'on nous voit, nous?

BUCKINGHAM.

Bah! tout le monde dort. (Il s'assied.)

NANNIKEK, à part, allumant le flambeau.

Il est comme chez lui!

BUCKINGHAM.

Maintenant rappelle-moi les renseignements de ta gitana. De ce côté?... (Désignant le fond.)

NANNIKEK.

Le grand escalier qui descend chez le roi, les alguazils, les issues gardées.

BUCKINGHAM, indiquant la droite.

Par là ?

NANNIKEK.

L'infante, avec la camarera et ses femmes.

BUCKINGHAM.

Et par ici ? (Désignant la gauche.)

NANNIKEK.

Le logement de doña Carmen.

BUCKINGHAM.

Bien ! — Où donne cette porte ?

NANNIKEK.

Dans un oratoire.

BUCKINGHAM.

Vois si elle est ouverte.

NANNIKEK, essayant la porte.

Elle est ouverte. Mais au bout sont les chambres...

BUCKINGHAM.

Et les chambres doivent être fermées : peu importe ! Il suffit que je puisse entrer là, et qu'on me voie sortir de là.—A présent tu n'as qu'à me laisser seul.

NANNIKEK.

Eteindrai-je les lumières ?

BUCKINGHAM.

Non, l'obscurité m'attriste.

NANNIKEK.

Oh ! comment votre seigneurie peut-elle jouer avec le danger ?

BUCKINGHAM.

Hé ! avec quoi veux-tu que l'on joue ? Il y a une fortune énorme sur le tapis, c'est vrai ; mais aussi contre le roi, contre le frère inconnu, contre don Dionis et Cabrito, je risque ma vie trois ou quatre fois, — et voilà ce qui intéresse la partie !

NANNIKEK.

Heureusement le roi dort à l'étage au-dessous, don Dionis est dehors, Cabrito en prison, et le frère on ne sait où. Hélas! c'est encore moi qui risque le plus : la potence! et pour gagner quoi? Oh! j'ai peur pour plus de dix mille écus!

BUCKINGHAM.

Voyons, si je réussis, tu en auras quinze, mais va-t'en!— Je n'ai jamais vu un drôle pareil, qui se fait payer sa poltronnerie!

NANNIKEK.

Merci, seigneur! Je vais me cacher quelque part où je puisse trembler à mon aise. Vous, soyez prudent, je vous en supplie, et surtout — vous m'avez acheté — mais ne me vendez pas!

BUCKINGHAM.

A qui crois-tu parler, manant?

NANNIKEK.

Pardon! je sors. Allez avec Dieu!

BUCKINGHAM.

Va-t-en au diable! (Nannikek sort par la porte dérobée.)

SCÈNE IV

BUCKINGHAM, seul.

Ah! le Cabrito m'en avait défié, me voilà ici! Et du moment que j'y suis, que j'y suis seul et à cette heure de nuit, j'ai partie gagnée! Que don Philippe s'indigne, que don Dionis me provoque, que ma belle fiancée inconnue me démente et pleure, je suis ici! Elle n'a plus qu'à se résigner à être duchesse de Buckingham! — La nécessité d'agir vite m'a fait négliger quelques précautions; mais bah! j'aime à laisser sa part à la Fortune, et demain ç'eût été trop tard : voilà le prince de Galles à Madrid. il eût fallu me nommer, marcher à découvert, je n'aurais jamais retrouvé une occasion pareille. Allons. le dé est jeté!— Le seul ennui maintenant c'est qu'il faut attendre. Attendrai-je ici? Non : dans cet oratoire. N'importe qui doit me rendre le service de me surprendre, il faut qu'il me surprenne sortant par cette porte. Allons! (Cabrito est entré par la porte dérobée et s'est appuyé, les bras croisés, au chambranle de la porte de gauche.)

SCÈNE V

BUCKINGHAM, CABRITO.

BUCKINGHAM

Cabrito! — D'où sort-il?

CABRITO.

De prison. Dans les châteaux, la prison est souvent notre château réservé, à nous autres gens de Bohème. On avait fermé sur moi quatre portes, une par étage, je les ai comptées; mais nous avons quelque chose de l'oiseau, et, la nuit noire venue, je me suis envolé par la fenêtre : voilà comment je suis sorti. — Et vous, comment êtes-vous entré?

BUCKINGHAM.

Vous m'interrogez, je crois!

CABRITO.

Chut! pas si haut! il ne faut réveiller personne. — Vous êtes entré par les mêmes portes que moi : je rôdais avec Gargajal quand, sous la galerie basse, nous avons aperçu votre créature Nannikek se glissant dehors dans l'ombre. J'ai laissé Nannikek s'expliquer avec Gargajal, et je me suis glissé dedans.

BUCKINGHAM.

Mais pourquoi? que prétendez-vous? quel intérêt enfin servez-vous ici?

CABRITO.

Plus bas! plus bas! — Voilà que vous m'interrogez aussi! mais je ne refuse pas, moi, de répondre. Seulement, je ne répondrai à cette question-là que tout à l'heure.

BUCKINGHAM.

Et pouvez-vous me dire, en attendant, ce que vous comptez faire?

CABRITO.

Moi? rien : vous tenir compagnie, voilà tout. Si on vous avait surpris seul ici, on aurait pu vous soupçonner de quelque infâme dessein; mais on nous trouvera tous deux causant honnêtement de choses et d'autres. Causons.

BUCKINGHAM.

Oh! comme vous voudrez! Que je sois seul ou que nous soyons deux, maintenant peu m'importe!

CABRITO.

Comment?

BUCKINGHAM.

Vous refusez de me dire quel est votre intérêt, mais il est certain que vous en avez un, cela suffit pour que votre témoignage soit nul. Causons tout bas ou appelez tout haut, je n'en suis pas moins à cette place, à cette heure. Affirmez ensuite que je ne sortais pas de cet oratoire, mais que j'allais y entrer; je me bornerai, moi, à garder le silence. Et vous aurez beau faire, votre présence ici ne justifiera pas la mienne.

CABRITO.

Vous avez pleinement raison, mylord! et vos calculs sont on ne peut plus justes! (Sérieux et menaçant.) Ne causons donc pas ici, venez causer dehors.

BUCKINGHAM.

Allez si vous voulez. Moi, je reste.

CABRITO.

Non! il faut à présent que vous sortiez d'ici. De gré ou de force. Il le faut!

BUCKINGHAM.

Plus bas, à votre tour! — A moins que vous n'ayez vous-même l'obligeance de faire du bruit, du scandale...

CABRITO.

Ah! ne plaisantons pas, ceci devient sérieux, ceci devient terrible! Vrai Dieu! quand j'y songe! il y a là, à quelques pas de nous, une enfant, que vous n'avez même jamais aperçue, et qui dort calme et pure en rêvant des anges ou de sa mère:

et parce que vous êtes en ce moment dans cette chambre,
parce qu'on vous trouvera ici cette nuit, vous, duc de Buckingham, puissant et redouté, et qui avez rempli l'Europe du
bruit de vos prodigalités, de vos folies et de vos débauches,
— il faudra que l'honneur et la destinée de cette enfant tombe
dans vos mains, à votre merci?.. Non! non! c'est impossible!
cela ne se doit pas! cela ne sera pas!

BUCKINGHAM.

C'est parce que je suis tout ce que vous dites que je ne peux
plus reculer.

CABRITO.

Ah! oui, je sens bien qu'avec votre orgueil de Satan il n'y
a pas à raisonner, pas à prier! Et tout secours du dehors serait un péril! Il n'y a ici pour et contre la jeune fille que
deux forces, la vôtre et la mienne : vous voulez la perdre, il
faut, moi, que je la sauve!

BUCKINGHAM.

Hé! vous n'êtes pas même armé!

CABRITO.

Oui, on m'a fait rendre mon épée; mais vous n'avez pas non
plus la vôtre. Et prenez garde! je suis un Bohème, moi, un
brutal sans éducation, mylord, et capable de défendre à sa
façon l'honneur, sans vergogne et sans honte! (Il marche sur Buckingham, terrible.)

BUCKINGHAM.

N'approchez pas! si vous approchez!.. (Il tire à demi un poignard.)

CABRITO.

Ah! une lame! une lame de fine trempe anglaise, n'est-ce
pas? Eh bien, moi, j'ai ma navaja de gitano : armes égales!

BUCKINGHAM.

Misérable! oserais-tu bien!...

CABRITO.

Ah! toi, tu n'es pas le roi! — Consentez-vous à sortir, à vous
battre dehors?

BUCKINGHAM.

Non!

CABRITO.

Alors défendez-vous! Il faut à toute force que vous ne restiez pas ici. Si vous ne voulez pas que je vous emmène, il faut que je vous emporte!

BUCKINGHAM.

On ne fait pas peur à Buckingham! Vous êtes plus fort, je suis plus adroit. (Ils luttent.) Touché!

CABRITO.

Je n'ai rien senti.

BUCKINGHAM.

Oh! mais, pour vous battre avec cette fureur, qu'est-ce donc qu'on vous a donné, ou qu'est-ce que vous êtes à cette jeune fille?

CABRITO.

Je veux bien vous le dire à présent. Je suis... (Lui portant un coup en pleine poitrine) je suis son frère!

BUCKINGHAM.

Ah! (Il tombe à la renverse sur la table de marbre, entraînant le flambeau, qui s'éteint. Obscurité.)

CABRITO, reculant de trois pas, frémissant.

L'ai-je donc tué?.. Il ne bouge plus! Ah! Dieu! c'est juste, mais c'est terrible! — Mort ou vivant, il ne faut pourtant pas qu'il reste ici. (Allant à la porte dérobée et appelant d'une voix éteinte.) Gargajal! Gargajal!.. Voilà qu'il me fait peur à présent!.. (Il sort tout chancelant.)

SCÈNE VI

BUCKINGHAM seul, puis LE ROI, DON SÉNÈQUE, SEIGNEURS et PAGES, puis L'INFANTE.

BUCKINGHAM, se ranimant, se soulevant.

J'ai passé par la mort. — Suis-je blessé? (Tâtant sa poitrine.) Une égratignure! Ah! c'est ma tête... c'est ma tête qui a porté, là, sur du marbre... le coup m'a étourdi. (Regardant autour de lui.) Il a fui! Et on vient! — Debout, Buckingham! s'il a fui, tu es le vainqueur! Debout! (Il se traîne jusqu'à la porte de l'oratoire. Entrent le roi, don Sénèque, quatre ou cinq seigneurs, deux pages portant des flambeaux.)

DON SÉNÈQUE, entrant.

C'est d'ici que venait le bruit. (Apercevant Buckhingham.) Ah!

LE ROI.

Qu'est-ce là? que faites-vous ici? d'où venez-vous?

BUCKINGHAM.

D'où je viens?... Je viens... de cet oratoire, — je ne peux pas le nier.

LE ROI.

Malheureux! (A lui-même.) Oh! Silvana! Carmen!

L'INFANTE, paraissant sur le seuil de droite.

Don Philippe, il n'y a là qu'un hasard ou une fatale méprise!

DON SÉNÈQUE.

J'affirme qu'il n'a pas pu entrer par les portes gardées.

BUCKINGHAM.

C'est la vérité.

LE ROI.

Mais qui vous aurait ouvert les portes secrètes? qui donc? — Faites attention, monsieur, que vous portez atteinte à l'honneur d'une femme, savez-vous en présence de qui?

BUCKINGHAM.

En présence du roi.

LE ROI.

En présence d'un gentilhomme, qui ne laisserait pas l'injure sans réparation ou la calomnie sans vengeance. Parlez donc, expliquez-vous, nommez-vous.

BUCKINGHAM.

Mon nom sera déjà une explication peut-être : je suis le duc de Buckingham.

LE ROI.

Le duc de Buckingham!

BUCKINGHAM.

Qui a fait tenir hier à don Philippe une lettre...

LE ROI.

Oui, où il me demandait la main de doña Carmen.

BUCKINGHAM.

De vive voix et devant tous, je la demande encore.

LE ROI, consterné.

Ah!

L'INFANTE.

Don Philippe, mais c'est impossible!

LE ROI.

Doña Maria, veuillez aller vous-même avertir doña Carmen : qu'elle vienne, qu'elle vienne tout de suite. (L'infante entre chez doña Carmen.) Mais, mylord, cela ne suffit pas : qui semble vouloir réparer laisse soupçonner plus que jamais. Comment êtes-vous ici? Vous êtes tout pâle, vous êtes blessé!...

BUCKINGHAM.

En effet, Altesse, un accident... un choc dans la nuit...

SCÈNE VII

LES MÊMES, CABRITO, DON DIONIS.

CABRITO.

Vous manquez à la vérité en même temps qu'à la loyauté, mylord!

LE ROI.

Cabrito!

CABRITO.

C'est moi qui vous ai blessé, moi qui étais sur vos pas aussitôt que vous avez franchi ce seuil, moi qui ne vous ai quitté que pour aller chercher du secours. — Osez soutenir que cela n'est pas!

LE ROI.

Répondez! répondez!

BUCKINGHAM, après un silence.

J'ai dit que je demandais la main de doña Carmen, duchesse
de Soriano. Je ne dirai pas autre chose.

CABRITO, avec désespoir.

Oh!

LE ROI, bas, à Cabrito.

Elle est perdue!

DON DIONIS, à Cabrito.

Perdue?

CABRITO, frappé d'une idée et relevant la tête.

Attendez! pas encore!.. (Haut, à Buckingham.) L'enfant que vous
accusez, mylord, je vais aller la chercher moi-même! (Il sort
vivement par la porte de gauche.)

LE ROI, allant à Buckingham.

Mylord, vous n'attendrez pas son retour! Il n'est personne
ici qui ose mettre en doute la parole du frère de doña Carmen, quand un mot de vous aura confirmé son témoignage;
mais il faut, — et le roi vous en adjure, — il faut que ce mot
sorte de votre bouche!

BUCKINGHAM.

Personne n'osera mettre en doute l'honneur de doña Carmen, quand doña Carmen sera ma femme.

DON DIONIS.

Avant qu'elle soit votre femme, vous aurez à me tuer.

BUCKINGHAM.

Souffrez que je m'occupe, avant toute chose, de demander
et d'obtenir son consentement, moi duc de Buckingham.

SCÈNE VIII

LES MÊMES, SILVANA, vêtue d'un riche pardessus de soie, puis
CABRITO, DOÑA CARMEN et L'INFANTE.

SILVANA.

Et moi, moi doña Carmen... (tous se retournent surpris) je vous

donne mon consentement, mylord, puisque votre piége cruel
ne laisse pas d'autre réparation possible à mon honneur. (Cabrito, dona Carmen et l'infante se montrent sur le seuil de gauche.)

BUCKINGHAM, à Silvana, avec ravissement.

Ah! quiconque, doña Carmen, verra votre beauté, m'absou-
dra, j'en réponds, d'avoir osé tout pour l'obtenir!

LE ROI, bas, à Cabrito.

Silvana?

CABRITO, radieux.

Silvana!

FIN DU CINQUIÈME ACTE.

ACTE SIXIÈME

Campement de Bohémiens dans les ruines de l'alcazar de Jabalon. Au fond, à gauche, un chemin monte de la plaine entre des débris de pierres écroulées; à droite, un escalier de larges dalles fendues et inégales conduit à un grand portique, ouvrant sur le bleu son arcade aux briques disjointes et aux sculptures mutilées. Une végétation sauvage perce çà et là. Au premier plan, une tente en toile à raies de couleur, décorée de fleurs et de feuillages. Soleil couchant. On entend au loin des instruments de musique et des voix qui chantent.

SCÈNE PREMIÈRE

GARGAJAL, comptant de l'argent, CHIQUIZNAQUE, MALFADIL et autres BOHÉMIENS, placés de distance en distance, et regardant vers le chemin du fond.

CHIQUIZNAQUE.

On ne voit toujours paraître personne.

MALFADIL.

Personne ! — Mais qui diable attendons-nous à la fin ?

CHIQUIZNAQUE.

Ah ! il n'y a jamais que Gargajal qui sache.

MALFADIL, s'approchant de Gargajal.

Gargajal !

GARGAJAL.

Plaît-il ?

MALFADIL.

Tiens ! quel argent comptez-vous donc là ?

GARGAJAL.

Hé ! c'est le prix de Nannikek : il avait encore sa valeur, ce bon traître !

CHIQUIZNAQUE.

Oh! qui est-ce qui a bien pu acheter Nannikek si cher?

GARGAJAL.

Des corsaires d'Alger, fils, qui comptent le revendre au Grand-Turc, à Constantinople.

CHIQUIZNAQUE.

Pauvre Nannikek!... Mais sa complice Marcoline n'est pas punie, elle; au contraire : la voilà veuve !

MALFADIL.

Oui, mais comme il faut qu'il y ait une justice, c'est moi qui l'épouse.

CHIQUIZNAQUE.

Oh! alors!...

MALFADIL.

Maintenant, Gargajal, si on pouvait vous faire deux ou trois petites questions?

GARGAJAL.

Comment donc ! est-ce qu'on a des secrets pour vous?

MALFADIL.

Eh bien, qui attendons-nous comme ça si impatiemment, dites?

GARGAJAL.

Oh ! de très-illustres personnes... que je ne peux pas nommer.

CHIQUIZNAQUE.

Ah! — et qu'est-ce qu'elles viennent faire par ici?

GARGAJAL.

Elles viennent pour de certaines fameuses fiançailles... dont je ne dois rien dire.

MALFADIL.

Très-bien! mais pourquoi tout le campement est-il en fête et toute la Bohème en joie?

GARGAJAL.

Hé! c'est à cause de la grande bonne nouvelle... dont il m'est défendu de souffler mot.

CHIQUIZNAQUE.

Ah! à la bonne heure donc! j'ai bien fait de mettre ma cape du plus bel amadou!

UN BOHÉMIEN, de loin, à l'entrée du chemin.

Gargajal! quatre ou cinq cavaliers, qui montent par le chemin creux.

GARGAJAL.

Bien! — Venez, les enfants ; il faut dégager les abords de la tente royale et du grand portique. Venez, et à présent, je vais vous dire ce que vous allez faire! (Tous sortent par les issues de droite.)

SCÈNE II

CABRITO, BUCKINGHAM, SAMUEL, DEUX SEIGNEURS
ANGLAIS entrant par le chemin du fond.

CABRITO.

Nous arrivons, voilà que nous arrivons!

BUCKINGHAM.

Mais où donc me conduisez-vous? quel est cet endroit-ci? pourquoi nous sommes-nous séparés du roi et de sa suite?

CABRITO.

Ils nous rejoindront. Je vous fais prendre par le plus court.

BUCKINGHAM.

Eh! ce n'est pas là, j'imagine, ce château de Muntadas, où nous allons, en présence de don Philippe, conclure le mariage?

CABRITO.

Bah! un château ou un autre!...—J'ai, comme vous savez, deux existences : je suis roi de Bohème et je suis grand d'Espagne. Comme grand d'Espagne, je possède la Carolina et Muntadas ; comme roi de Bohème, j'ai toutes sortes d'autres manoirs dans mon apanage,—des nids d'aigle, c'est vrai, plutôt que des toits d'homme ; — mais ici, tenez, se trouvent réunies mes deux principales résidences : mon château de toile que voici, et la superbe ruine que voilà, l'alcazar de Jabalon.

BUCKINGHAM.

Superbe, en effet ; mais il n'y a pas de raisons, je pense, pour que nous nous y arrêtions plus longtemps.

CABRITO.

Pardonnez-moi, il y a pour cela d'excellentes raisons.

BUCKINGHAM.

Ah ! (aux deux seigneurs.) Mylords, je suis à vous... Ne vous éloignez pas, Samuel.

CABRITO.

Soyez donc tranquille ! nous sommes toujours en Espagne, où vo're personne est inviolable. Seulement nous sommes aussi un peu en Bohème, où naturellement j'ai mes priviléges. Oh ! vous n'aurez pas à vous en plaindre, au contraire. C'est ici le pays magique de l'aventure et de la fantaisie, le dernier refuge, hélas ! du conte merveilleux et du roman chevaleresque, où, quand on a pour soi les fées, on est toujours sûr de vaincre les nécromans et les démons. Mais aussi ce qui ailleurs aurait une fin tragique et sanglante, peut, dans mon royaume picaresque, se terminer tout simplement par un éclat de rire moqueur, perdu dans le bruit des chansons et dans le tintement des grelots.

BUCKINGHAM.

Oui, un monde charmant ! mais enfin nous n'avons rien à y faire.

CABRITO.

Vous vous trompez : c'est ici que doit nous rejoindre celle de mes sœurs que vous avez essayé de diffamer.

BUCKINGHAM.

Celle de vos sœurs?...

CABRITO.

Ah ! oui, vous ignorez que j'ai aussi deux sœurs : comme

hidalgo, j'ai ma sœur de mère, doña Carmen la duchesse; comme gitano, j'ai ma sœur d'adoption, Silvana la Bohémienne. — Voici, je crois, mylord, votre fiancée.

SCÈNE III

LES MÊMES, SILVANA, en Bohémienne, un tambour de basque à la main, GARGAJAL, MALFADIL, CHIQUIZNAQUE, BOHÉMIENS et BOHÉMIENNES, faisant cortége à Silvana, descendent lentement les marches du portique.

BUCKINGHAM apercevant Silvana.

Doña Carmen!

CABRITO.

Ah! vous l'avez parfaitement reconnue! C'est bien elle, n'est-ce pas, que vous avez promis d'épouser?

BUCKINGHAM.

Mais ce costume?...

CABRITO.

C'est le sien.

BUCKINGHAM.

Lequel de nous deux fait un rêve? C'est là doña Carmen?

CABRITO.

Non, c'est mon autre sœur, Silvana.

BUCKINGHAM.

Silvana!

CABRITO.

Mais qu'importe le nom, puisque vous allez le couvrir du vôtre! qu'importe même la personne, puisque vous ne connaissez ni Silvana ni Carmen!

BUCKINGHAM.

Ah! c'est donc un piége! Mais malheur à qui me l'a tendu!

CABRITO.

Celui qui l'a tendu, mylord, c'est vous-même. A qui la faute si vous vous y êtes pris le premier?

BUCKINGHAM.

Malheur alors à qui m'y a fait tomber!

SILVANA, qui arrive près de lui.

Hélas! hélas! seigneur, c'est moi.

BUCKINGHAM.

Vous?

SILVANA.

Moi seule : j'ai vengé en femme l'honneur d'une femme.

BUCKINGHAM, avec un cri de colère.

Ah!... Mais cette vengeance, que diriez-vous cependant si je la prenais au mot? votre beauté ne la ferait déjà pas si cruelle! (Murmures des Bohémiens.)

SILVANA.

Oh! ne murmurez pas, mes amis! il n'y a pas de danger que mylord-duc épouse la beauté pour la beauté! Et dam!... (faisant résonner son tambour de Basque) voilà toute ma richesse!

BUCKINGHAM, s'efforçant de sourire.

Allons! à être vaincu par vous, je ne vois pas de honte! ces seigneurs seront de mon avis. Qu'exigez-vous de moi?

SILVANA.

Réparation d'honneur.

GARGAJAL et LES BOHÉMIENS.

Oui! oui!

SILVANA.

Ma tribu aussi est ombrageuse et jalouse; je vous demande devant elle la parole que vous n'avez pas voulu prononcer ce matin devant la cour.

BUCKINGHAM.

Quelle parole?

GABRITO.

Convenez que je disais la vérité, mylord, que je ne vous ai pas quitté cette nuit tant que vous êtes resté sous le toit de la Carolina. (Le roi, avec sa suite, paraît au seuil de la grande porte.)

BUCKINGHAM, *rient avec ses deux amis.*

Soit, j'en conviens.

SILVANA.

Convenez que vous n'aviez jamais vu ni doña Carmen ni Silvana.

BUCKINGHAM.

Allons! j'en conviens encore.

CABRITO.

Bien! le roi de Bohème en prend acte.

LE ROI, *du haut des marches.*

Et le roi d'Espagne aussi.

SCÈNE VI

Les mêmes, LE ROI, L'INFANTE, DOÑA CARMEN, DON DIONIS, DON SÉNÈQUE, Seigneurs et Suivants.

BUCKINGHAM.

Don Philippe!.. — Oh! mais l'aveu que je voulais bien accorder à ces Bohémiens, il y a injure à me l'avoir arraché devant vous, Altesse!

LE ROI.

N'y a-t-il pas eu injure aussi, mylord, à le refuser ce matin au roi? et ne deviez-vous pas cet aveu, en présence de tous les témoins de l'offense, à doña Carmen — que voici?

BUCKINGHAM.

Mais avoir choisi ce lieu et ce moment! avoir amené ces deux foules! Pourquoi? qui donc a fait cela?

CABRITO.

Pour le coup, mylord, ce pourrait bien être moi.

BUCKINGHAM.

Afin de me rendre l'affront plus solennel et plus irréparable sans doute? afin que mon mariage rompu en fasse rompre un autre peut-être? Soit! du moins on ne rira pas de ma mésaventure!

LE ROI.

Mais on s'en félicitera, mylord-duc, si désormais le bonheur de ma sœur est d'accord avec notre justice et notre dignité royales.

BUCKINGHAM, avec menace.

Je puis donc demander au roi le congé de partir?

LE ROI, avec fierté.

Le roi vous l'accorde.

BUCKINGHAM.

Merci! — Venez, mylords; j'ai hâte de me retrouver à Londres! (Il sort, suivi des deux lords et de Samuel.)

CABRITO.

Laissez-le aller, don Philippe! — et si vraiment il nous rapportait la guerre, ma foi! Escarmondarde s'ennuie souvent au fourreau!

LE ROI, à Cabrito.

Mais, en attendant, brave tête, bonne tête, mauvaise tête! vous voulez rester — avec votre Silvana inoubliable — dans votre beau royaume de Bohême?

CABRITO.

Ce n'est toujours pas par ambition, seigneur! j'ai donné la Carolina et Muntadas à don Dionis, et je compte déposer le sceptre entre les mains plus expérimentées de Gargajal. Tout est bien quand tout est à sa place : vous daignez révoquer l'arrêt d'expulsion des Bohémiens, doña Carmen épouse don Dionis, l'infante son duc repentant et soumis, l'oiseau retourne à sa branche, l'abeille à son rayon, le gitano à sa vie obscure et libre...

SILVANA.

Le roi à sa grandeur et à sa clémence.

LE ROI.

Et à son isolement !

CABRITO.

Eh bien, quand vous sentirez trop d'ennui dans vos palais, mon frère, venez vous distraire dans mes châteaux !

FIN.

PARIS. TYP. DE PILLET FILS AÎNÉ, RUE DES GRANDS-AUGUSTINS. 5.

Paris. — Imprimerie de A. Wittersheim, 8 rue Montmorency.